진짜 셀프 인테리어
42 Project

| 만든 사람들 |
기획 실용기획부 **| 진행** 한윤지 **| 집필** 강산희 **| 편집·표지 디자인** D.J.I books design studio

| 책 내용 문의 |
도서 내용에 대해 궁금한 사항이 있으시면
저자의 홈페이지나 아이생각 홈페이지의 게시판을 통해서 해결하실 수 있습니다.

아이생각 홈페이지 www.ithinkbook.co.kr
아이생각 페이스북 www.facebook.com/ithinkbook
디지털북스 카페 cafe.naver.com/digitalbooks1999
디지털북스 이메일 digital@digitalbooks.co.kr
저자 이메일 i2842@naver.com

| 각종 문의 |

영업관련 hi@digitalbooks.co.kr
기획관련 digital@digitalbooks.co.kr
전화번호 (02) 447-3157~8

매물찾기부터
시작하는
나만의
아지트
만들기

진짜 셀프
인테리어
42 Project

강산희 저

아이 생각

목차

프롤로그
42프로젝트, 그 시작

PART 1 기초 다지기

PART 2 중심 세우기

PART 3 전체 채우기

PART 4 감성 더하기

에필로그
온라인 집들이

42프로젝트는

아주 평범한 여자 직장인의 셀프 인테리어 이야기입니다.

전문가가 아닌 일반인의 시점에서 작성된 점을 미리 밝힙니다.

전문적이지 않지만 모두가 공감하고 직접 시도할 수 있도록 동기를 불어넣어드릴

즐거운 에피소드로 읽어주시면 감사하겠습니다.

프롤로그

42프로젝트,
그 시작

거듭 좌절된 독립의 시도.
이루어질 수 없는 안타까운 로망을
나만의 공간이자
나만의 냉장고를 놓을 곳으로,
그리고 나만의 자전거 창고로
약간 변형시키게 되었다.

$20m^2$,
6평 정도 되는 작은 삼각형 모양의 공간
어떻게 기록하고 어디서부터 어디까지
공개를 해야 할 지 잘 모르겠지만
반도 더 저물어 버린 30대 초반의
내 인생에 새로운 도전이 될 42프로젝트.

맛있는 거 먹기, 조용히 쉬기, 자전거 타기,
즐겁게 여행하기.
그리고 사랑하는 사람들과 함께하기.
그리고 이곳에 당신을 초대할 수 있기를…

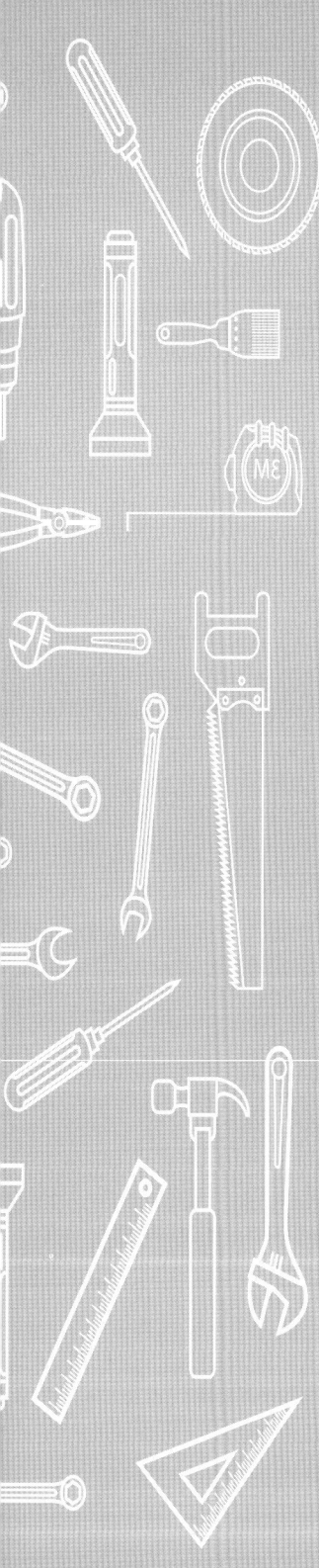

PART

01

기초 다지기

#1. 첫 만남, 그리고 청소

[매물상가정보]

- 본동 21제곱미터
- 월세 **만 원
- 관리비 없음

왼손은 턱을 괴고 오른손으로 마우스 휠을 돌리며 어디 괜찮은 전세 원룸 매물 없나 상상 속에서나 간신히 독립해보는 게 가장 즐거운 취미였던 어느 날.

그날은 신기하게도 평소에는 눈길도 주지 않았던 상가 정보를 검색했고, 빌라도 원룸도 아니었던, 9호선 노들역 가까이의 낡은 건물 1층 상가가 내게 운명처럼 다가왔다.

무엇을 작당하기에 적당한 사이즈, 자전거로 언제든지 한강 라이딩을 즐길 수 있는 접근성, 이렇게 저렇게 계산해보면 용돈의 일부로 충당이 가능했던 저렴한 월세까지 무엇 하나 굳이 운명이 아니라고 말할 조건이 단 하나도 없었다. 언빌리버블, 이것은 데스트니…

이 상가가 인터넷 부동산에 등록이 되자마자 타이밍 좋게 보게 되었고 바로 전화통화 후 다음날 방문 약속까지 일사천리였다.

– 너무 두근두근해서 뭐라 말을 못 하겠네… 두근두근
이라고 적힌 그날의 일기장엔 아직까지도 설렘이 가득 담겨있다.

그렇게 부푼 가슴을 꼭 부여잡고 간 그곳에는…

곧 귀신과 쥐돌이들이 손을 잡고 춤을 출 것만 같은 웬… 낯선… 여기가 서울인가 싶은 암흑의 장소가 나타났다. 상상했던 독립? 싱글 라이프? 비밀 아지트? 그 어떤 것 하나도 당장 실현 가능한 게 없어 보였다. 기대가 컸던 만큼 실망도 컸다. 인생은 역시 쉽지 않아.

안녕 곰팡이 친구들? 여기서 만날지 예상은 못했지만 반갑다.

문짝은 이미 조선 시대쯤에 분리된 것 같고, 문화재처럼 한쪽에서 고이 모셔져 있었다.

지난주까지 **빵 대리점이 여기 있었다는데, 더러움의 정도가 '아니 이런 곳에 빵을 보관하다니?' 보다는 '아니 이런 곳에서 숨을 쉬고 일했다니!' 가 생각날 수준이었다.

일단은 구석구석 사진을 찍고 동영상까지 촬영한 후 집으로 돌아와 계속해서 보고 또 보며 정신을 가다듬었다. 그래도 두 번 보니 조금 마음이 진정되고, 세 번 보니 머릿속에 그림이 그려지더라. 그렇게 몇 번을 마인드 컨트롤하고 다시 현장을 찾아가니 실망보다는 운명이란 생각이 다시 들기 시작했고 바로 임차 계약을 맺게 되었다.
지금에서야 두세 줄의 글로 표현하지만 정말이지 하루 동안 몇 백 번을 고민하고 생각을 뒤집었는지 모른다. 계약서에 도장을 찍고 나서야 아 이제 빼도 박도 못하는 구나. 하하하하 호탕하게 웃어버렸다.
웃는 걸까 우는 걸까 의심이 드는 하하하하!

일단은 청소를 하자.
근처 철물점에 들러 빗자루랑 솔을 들고 1차(라고 표현하겠다. 그 당시에는 이 청소가 1차가 될지는 몰랐지만) 청소를 시작했다.
2시간 동안 쎄 빠지게 쓸고 닦고, 심지어 세제 뿌리고 바닥 물청소까지 했지만 티가 나질 않는다.

왼쪽 셔터는 진짜 거의 봉인 수준이었다.
열쇠도 없어서 집주인분이 열쇠 따기 장인을 모셔와 강제로 끊고 올렸는데, 진짜 나 지하 던전 들어가는 줄…

직접 청소로 영혼을 활활 태우고 아! 이것은 내가 할 수 없는 일이구나–를 깨달아, 바로 청소 업체로 전화를 했다. 그리고 이틀 후, 전문가의 손을 빌려 2차 청소를 시작했다.

청소 업체 분들이 오시고 2인 1조로 각자 업무 분담을 하시더니 쓱쓱 청소를 시작했다.
처음에 2시간을 예상하고 왔지만, 청소 의뢰할 장소의 사진을 자세히 보내지 않는 바람에 시간도 길어지고 비용도 추가됐다.

청소업체 콘택트 시 청소를 의뢰할 장소에 대한 정보를 최대한 많이 주고, 현장에서 청소 시작 전에 예산을 정확히 책정할 것

사전에 고지하지 않은 부분에 대해 은근슬쩍 금액 추가가 발생할 수 있다. 청소하시느라 고생하신 분들도 돈을 지불해야하는 의뢰인도 서로 기분이 상할 수 있으니 사전에 미리 조율하여 분쟁이 생기지 않도록 하는 것이 좋다.

청소는 낮에 진행할 것

얼마나 깨끗해졌는지 정확한 확인이 가능하고 청소가 더 필요한 곳을 바로 체크할 수 있다. 게다가 해가 지면 왠지 모를 미안함에 빨리 보내드리고 싶은 쓸데없는 착한 마음이 등장하는 게 함정.

어차피 다 새로 칠하고 바를 예정이라 벽이나 바닥은 아주 깨끗하게 할 필요는 없다고 했고 창문, 창틀은 그대로 사용해야 하기 때문에 신경 써달라고 부탁드렸다.

3시간의 청소가 끝났을 땐 어둑어둑 밤이 되었다.

공개합니다 비포 & 에프터

셀프 인테리어로 '최소 비용을 사용하여 나만의 핫플레이스 만들기'
는 처음부터 틀려먹었지만, 청소 전문 업체를 부른 건 정말 잘했다는
생각이 들었다.

몇 십 년 묵은 유리의 때와 녹아내린 비닐들은 전문 약품으로 닦아내
고, 물기를 흡수하는 기계로 물청소도 하고, 또 아무래도 청소 노하우
가 있으신 분들이 하니까 내가 2주 정도 걸릴 일을 3시간 만에 끝냈
다. 속이 다 시원할 뿐.

생각보다 일이 많았다며 약속했던 예산보다 1.5배를 부르시고, 다음
날 아침에 보니 70% 정도밖에 청소가 안 되어있었지만, 그럼에도 불
구하고 굉장히 만족스러웠다.

어차피 다 마무리하면 또 해야 하는 것이 청소 아니던가. 초반부터 힘
빼지 말자는 생각이 이 긴 프로젝트의 첫발을 떼는데 큰 도움이 됐다.
그렇게 가장 큰 관문을 파워 오브 머니로 이겨냈다는 훈훈한 이야기.

정산

PART 1 기초 다지기
#1. 첫 만남, 그리고 청소

- 빗자루 & 솔 7,000원
- 업체 청소 160,000원

= 계 167,000원

누적 253,500원

#2. 벽 - 핸디코트로 벽 바르기

청소를 하고 나면 벽이 반짝반짝 윤이 나진 않아도 꽤 깨끗해지지 않을까?
내심 기대했지만, 역시 기대는 그냥 기대일 뿐이었다. (그럼 그렇지…)

오래 묵은 때를 어찌하면 좋을지 고민을 하는데 주변에서 빠대(?)를
추천했다. 빠대가 뭐지?
현장에서 미장이들이 벽 따위의 틈새를 덧칠하여 메우는 일을 '빠대
질' 이라고 부르는 것을 보니 펴 바르는 행위를 말하는 것 같았다. 결국
그 빠대질을 할 재료가 핸디코트 혹은 퍼티라고 부르는 지점토 재질의
마감재라는 것! 적당한 핸디코트를 찾아 최종 선택 완료!

기본 핸디코트 이외에도 워셔블(방수용), 황토 버전 등 종류가 꽤 다양했다. 비가 새는 낡은 집에 오래 살았던 나에게 방수 버전이 굉장히 매력적이었지만, 주방이나 욕실용이기도 하고 그 위에 수성 페인트칠이 잘 안 먹을 수도 있다는 조언을 듣고 일반 핸디코트로 구입했다.

42프로젝트의 사이즈는 삼각형 모양으로 6평인데, 실제 핸디코트가 발라질 벽면을 계산해보니 약 20평 정도가 나왔고, 을지로 철물점 사장님이 3통(1통에 25kg)이면 충분하다 하셨지만 넉넉하게 바르다 보니 4통하고도 반 통을 더 썼다. 지나치게 아낌없었음을 반성해본다.

처음 세 통은 을지로에 가서 샀는데 16,500원이었고, 추가로 한 통 더 사러 갔을 때는 16,000원, 핸디코트 낭비 후 한 통을 더 사야 한다는 것을 깨달았을 땐 더 이상 을지로에 갈 힘이 없어 그냥 동네 철물점에 갔는데, 의외의 착한 가격 17,000원에 샀다.

인터넷 최저가를 찾으면 13,000원도 있는데, 이게 최저가에 집착하다 보면 최저가 구매 실패 시에 오는 좌절감이 상당했다. 정신건강을 위해 그냥 적당한 가격대로 구매를 하니 훨씬 더 행복했다는 후문이…

또 을지로가 특출나게 저렴한 것도 아니라는 교훈을 얻었다. 을지로까지 오가는 차비나 기름값, 수고로움을 생각하면 1~2천 원 더 주고 동네에서 사는 것도 좋은 방법이다. (오늘도 지역 발전에 힘쓰고 있는 나를 칭찬해본다.)

뚜껑을 열면 하얀 지점토 재질의 핸디코트가 가득 들어있다.
핸디코트를 선택한 이유는 여러 가지가 있었는데 '밋밋한 벽에 입체
적인 무늬를 주고 싶다'와 함께 벽이 너무 더러워서 닦아도 소용없는
데 심지어 페인트 칠도 안 먹게 생겼으니 이 더러움을 한 겹 덮어버리
자–라는 생각이었고, 결론적으로는 대성공이었다.

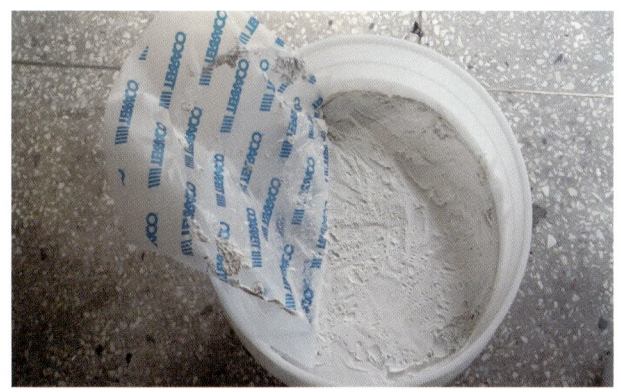

흰색 주걱이 '헤라'다.

헤라로 질퍽한 핸디코트를 떠서 벽에 턱하고 묻히는 느낌으로 덜어낸 뒤 쓱쓱 펴 바르면 된다. 너무 얇게 바르면 맨 벽이 드러나고, 너무 두꺼우면 마르고 난 후 떨어질 수 있기 때문에 벽이 보이지 않을 정도의 두께로 발라야 한다. 생각보다 쉽고 재미있었지만 그 신남이 딱 10분 가는 게 함정. 초보자라 기술이 없다 보니 균일하게 바르기가 어려워 발랐던 부분을 다시 바르기가 일수라, 하루면 끝날 줄 알았던 작업을 3일에 걸쳐서 진행했다.

처음 셀프 인테리어 시작했을 때만 해도 세월아~네월아~ 했다는 게 참 대단하다. 겁도 없이 말이지. 나중엔 예상 시간보다 늘 3~4배가 더 걸리니 꽤나 애를 태웠다. (아련)

그 와중에도 더러운 벽이 깨끗하게 변하는 장면이 너무 시원하고 개운해다. 저 회색 벽이 흰색 벽으로 변하는 기적을 보라!

자 그럼 핸디코트의 기적을 공개합니다.
이렇던 귀신 집이, 이렇게 깨끗해졌다!(사진에 얼룩덜룩한 부분은 핸디
코트가 다 마르고 나니 사라졌다.)

만족 대만족! 하고 기쁨을 만끽하던 나는 그게 두 달짜리 생고생 시작의
서막이었음을 모르고 신나하고 있었다. 과거의 나에게 가서 말한다. 그
래. 실컷 웃어두렴, 그게 네 셀프 인테리어의 마지막 웃음일 테니까…

정산

PART 1 기초 다지기
#2. 벽 - 핸디코트로 벽 바르기

- 핸디코트 5통 82,500원
- 헤라 2개 4,000원

= 계 86,500원

누적 253,500원

#3. 벽 - 석고보드로 가벽 세우기 (Feat. 전기 분전 준비하기)

오늘의 숙제는 곰팡이가 가득한 합판 벽 살리기.

실제로 처음에 인테리어 업체에서 견적을 받다가 셀프 인테리어를 하게 된 결정적 계기가 가벽 세우기였다.

처음 견적을 내러 왔던 업체에서는 가벽 세우는 것만 40만 원을 불렀고, 나중에 싱크&아일랜드에서도 언급하겠지만, 싱크대는 150만 원을 불렀다. 물론 근거가 있는 견적이었겠지만 내가 보기에는 '호갱이 요 있네~' 이런 느낌?

아, 그 돈을 쓰느니 직접 하고 만다! 하고 알아보기 시작한 가벽 세우기.

앤티크한 느낌에 튼튼하게 하기 위해 시멘트 벽돌을 쌓으려고 했는데, 집주인분이 난색을 표하길래 간단하게 석고보드로 시술하기로 마음먹었다.

핸디코트를 바르고 며칠 지나서 가보니 전기 분전반이 설치되어있었다.

내가 임차하기 전까지만 해도 옆집 이발소랑 전기를 같이 쓰고 나누기2를 하다가 '본격 전기 분할'이 진행됐다. 준비하면서 새로 알게 된 사실! 전기를 넣으려면 우선 (집주인이) 전기 업체를 불러 전기를 나누는 기본 작업을 해 놓고, 한국전력에 전화하면 담당자가 와서 문제가 없는지 점검하고 계량기를 세팅한 후 전기를 넣어주는 신기한 프로세스였다.

신기는 둘째치고 예상치 못했던 문제는, 신청한다고 해서 바로 전기가 들어오는 게 아니기 때문에 한 5일은 전기가 없는 채, 즉 빛(light) 없이 셀프 인테리어를 진행했다는 것!

퇴근 후 야간작업을 할 때면 옆집, 앞집이고 할 거 없이 일단 문 열린 집(상가)에 가서 전기 구걸을 했다. 동네 주민 분들이 이런 곳에서 이런 작업을 하는 나를 굉장히 흥미롭게 관찰 중이셔서 쉬 내어 주셨다는 것이 다행이라면 다행. (감사해요 모두!!)

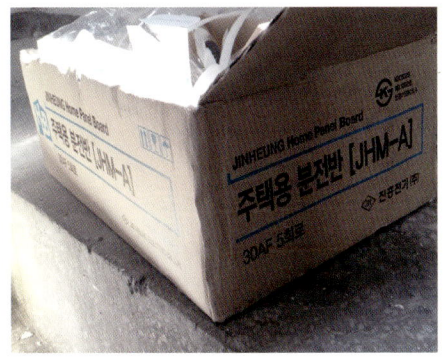 

혹시 몰라서 박스 사진도 이쁘게 찍어 두고!

초반 전기 분전 작업을 할 때 '전기 얼마나 넣어주면 되냐?' 라고 묻길래
살짝 당황한 나머지 '보통은 얼마나 넣나요?' 라고 되물으며 전기 상식
이 전무함을 마구마구 뽐냈다. 마치 이모, 이 동네 횟감은 시세가 어떻게
돼요? 이런 느낌? 보통 5키로 정도 넣는다길래 그럼 저도 시세에 따르겠
다며 쿨하게 5키로를 신청했다. 알고 보니 가정집은 보통 3~5키로 정도,
전기를 많이 쓰는 상업 시설은 10키로 이상이 필요하다고 한다. 앞집 세
탁소는 15키로를 쓰신다고 했고, 필요한 전력은 맨 처음 전기 사용 신청
시 필요한 만큼 정하면 된다고 한다.

곰팡이들이 가득한 문제의 합판 벽. 벽 안에 더 많은 곰팡이들이 있을
것만 같아 떼어내지 않고 석고보드로 그 위를 덮어버리기로 결심했다.
어디선가 읽었는데 락스를 뿌리면 곰팡이가 숨기만 하니 확실히 다 박
멸하는 약을 뿌리라고 하여 을지로 상가에서 제일 독하다는 곰팡이 제
거제를 샀다. 벽이 전체적으로 푹 젖을 만큼 넉넉히 뿌리고 1~2시간
후에 한 번 더 뿌려 기본 세팅을 마쳤다.

자 오늘의 주재료, 석고보드님이 도착하셨습니다.

특별히 항! 안티! Anti! 곰팡이 성능이 추가된 항균 석고보드로 주문!

규격은 9.5T*900*1800mm, 가격은 장당 3,180원, 문제는 용달로만

받아볼 수가 있기 때문에 배송비가 25,000원 나오는데, 뭔가 알 수 없

이 억울하다. 용달 기사님이 석고보드 10장을 트럭에 담아 오시는데

마치 A4용지 10장 싣고 오듯 간편하게 오셨다.

벽 부분 면적을 계산해서 10장을 구입했고, 벽에 석고보드를 고정하는 식으로 진행하기 위해 을지로에서 타카건(5,000원)과 에어콤프레셔(10,000원)는 대여, 타카심(8,000원)과 흰색 실리콘&실리콘건(6,000원)은 구입 완료.

쉬운 듯 쉽지 않은 석고보드 가벽 세우기.
이게 실상은 '석고 벽을 세운다' 보다는 '석고보드를 덧붙인다' 는 표현이 더 맞을 것이다. 보통은 각목을 세우고 그 위에 고정하는 식인데, 42프로젝트에서의 목적은 그냥 더러운 벽 덮기 용이라 합판 안에 있는 기존의 각목 위치(마치 환자의 맥을 잡듯 두드리며 찾았다)를 파악해서 그 위에 타카를 박아주는 식으로 진행했다.

벽 하단에 실리콘건으로 쭉~ 실리콘을 쏘고 붙이기 시작.

그냥 석고보드를 갖다 붙이는 건 어렵지 않았는데, 여분 벽에 사이즈를 재고 그에 맞춰 잘라내는 일은 쉽지 않았다. 두께 9.5cm의 석고보드는 마치 하드보드 같지만 재질은 우리가 아는 그 석고이기 때문에 단단한 듯 무르다. 칼로 힘있게 그어낸 후 선을 따라 부러뜨리면 잘라지지만 칼선을 제대로 내지 않으면 엉뚱한 위치에서 부러질 수 있기 때문에 조심해야 한다.

완성!!!

마치 조각 퍼즐을 맞추듯 잘 맞췄다. 사진으로 보기에는 멀쩡한데, 재단해서 맞춰 넣은 부분이 잘 맞지 않아서 힘으로 밀어 넣다가 석고보드가 부서진 부분도 있다.

'아 몰라~ 이 정도면 됐지 뭘 더 바라!' 라며 이미 스스로 충분히 만족스러웠다. 셀프 인테리어의 점수와 평가는 결국엔 자기만족이라는 것!

보드와 보드 사이는 원래 망사 테이프같이 생긴 '조인트 테이프'를 붙여야 하는데 동네 철물점에서는 팔지 않았다. 대안으로 마스킹 테이프를 붙이기도 한다 하여 대체해보았는데 결론적으로는 나중에 후회를 했다. 마감 후 석고보드 가벽 위에 핸디코트를 덧바르는데 마스킹 테이프 부분이 살짝 들뜨면서 티가 났다. 이미 발랐으니 어쩔 수 없지만 다시 돌아간다면 조인트 테이프를 꼭 구해올 것 같다.

이제야 사방의 곰팡이와 더러움을 간신히 정리했다. 이것만으로도 굉장히 만족스럽고 새로운 공간이 되었다.

석고보드로 가벽 세우기? 벽 덮기? 어찌 됐든 성공!

KNOW - HOW

석고보드 사이는 조인트 테이프로 마감할 것

없다면 어쩔 수 없지만 선택이 가능하다면 본래의 기능을 가진 재료를 쓰는 것이 가장 좋다. 석고보드 사이의 마감은 '조인트 테이프'를 구해서 사용할 것. 집 주변 오프라인에서는 구하기 어려울 수 있지만, 인터넷에서는 저렴한 가격으로 판매하고 있으니 배송비 아까워(그것이 바로 나…)하지 말고 구매하여 사용하자.

정산

PART 1 기초 다지기
#3. 벽 - 석고보드로 가벽 세우기 (Feat. 전기 분전 준비하기)

- KCC항균 석고보드 10장 31,800원

- 용달 25,000원

- 곰팡이 제거제 9,000원

- 타카 & 에어콤프레셔 대여 15,000원

- 타카심 8,000원

- 실리콘 & 실리콘건 6,000원

- 마스킹 테이프 4개 10,800원

= 계 105,600원

누적 359,100원

#4. 벽 – 수성페인트로 벽 칠하기

곰팡이가 가득한 벽을 닦아내고, 석고보드를 세우고, 핸디코트까지 덮었으니 이제는 최종 마감을 할 차례가 되었다. 어디서 본건 많아서 '노출 시멘트' 효과를 검색하며 '톱코트'라는 마감재까지 알아보았지만 주문한다고 쉽게 구할 수 있는 것도 아니었고 무엇보다 정보나 후기가 충분하지 않다는 점이 불안했다.

뭐 그럼 쉽게 가지 뭐! 내 아지트 내 맘대로~ 하며 수성페인트 선택 완료!

이번에 셀프 인테리어 하면서 최대한 아껴가며 해보겠다고 을지로 전문 매장을 열심히 찾아다녔다. (단 을지로 방문에는 차가 필수) 그러던 중 차 섭외가 어려웠던 이날 우연히 동네 철물점 겸 페인트 가게에 들렀는데 인터넷보다도 저렴하고 친절하게 사용법을 설명해주셔서 깜짝 놀랐다.

굳이 을지로까지 가지 않아도 웬만한 물건들은 구할 수 있었고, 가격도 을지로에서 구입한 핸디코트 가격과 1천 원 차이밖에 나지 않으니 먼 곳까지 왔다 갔다 하는 시간과 차비, 노고를 생각하면 동네에서 구입하는 게 훨씬 낫다는 생각이 들었다.

솔직히 재미있어 보인다는 도전 정신으로 시작해서 인테리어 지식이 전무한 내가 알면 뭘 알겠나, 인터넷 검색과 동물 같은 감으로 이어가다가 친절한 지식인과의 오프라인 만남에 무한한 질문을 쏟아내기 시작했다.

"사장님. 핸디코트 바른 벽에 뭐 발라야 잘 발라져요?"
이런 묻기 부끄러울 정도의 무지한 질문에도 친절히 대답해주셨다.

사장님의 추천으로 구입한 친환경 수성 외부 페인트 백색과 회색 조색을 위한 잉크.
사장님 진짜 쿨하셨던 게 더 비싸고 좋아 보이는 페인트가 많았는데도 무심한 듯 친절하게 '너는 이 정도면 충분해' 하시며 저렴한 아이를 꺼내주셨다. 어쩜, 나 이런 거에서 믿음이 막 샘솟음.
페인트 16L 말통(이라고 부르더라)이 55,000원, 잉크는 6,000원.
핸디코트를 바른 흰색 벽이 생각보다 너무 마음에 들어서 어쩌지 하고 한참 고민했는데, 그래도 처음에 계획했던 대로 가야지 해서 회색으로 세팅을 시작했다.

이것이 바로 42 스타일 조색!

진짜 초등학생도 아는 기본 상식으로 조색은 대낮에 햇빛 있을 때 해야 하지만, 몰라 퇴근하고 오니 해가 진걸 어떡해… 어쩔 수 없지 뭐. 거기다가 전기도 밖에서 구걸해서 쓰는 처지라 천장에 있어야 할 형광등이 바닥에서 역조명을 찬란하게 비추고 있다.

비록 정확한 조색은 불가능하겠지만 중간에 페인트가 모자라 조색을 두 번해서 미묘한 색 차이가 나는 더 큰 불상사를 막아보겠다며 왕창왕창 넉넉하게 섞어보았다.

발색 테스트도 쿨하게, 슥슥 발라보니 이 정도면 될 듯 싶다.

내 공간의 콘셉트는 내.마.음.이.가.는.대.로! (예에~)

마치 방바닥 먼지를 찍어내는 롤롤이 같이 생긴 롤러(일명 로라)에 페인트를 푹 묻히고 긴 나무 막대기(로라와 함께 판매)에 꽂아서 슥슥 바르니 잘 발라졌다. 생각보다 핸디코트로 요철을 너무 많이 준 부분은 잘 발리지 않아 의도치 않게 전체적으로 3~4번씩 바르니 꼼꼼하게 마무리되었다.

오~ 생각보다 침침(?)하고 예뻤다. 의도한 분위기가 나오기 시작하니 괜히 가슴이 두근두근.

평면은 로라로 충분하지만 벽과 벽이 맞닿는 모서리 부분은 붓으로 따로 칠해야 한다. 아무래도 붓으로 바른 부분은 농도 조절이 잘 안돼서(많이 묻어나서) 조금 얼룩덜룩해 보였다. 나중에 놀러 오신 동네 아저씨들이 '아이고 너네 비 센다 큰일났다' 하며 큰 걱정하셨던 게 에피소드라면 에피소드. 로라도 붓도 마찬가지지만 페인트를 푹 적신 후 통의 가장자리에 잘 털어낸 후 얇게 펴 바르는게 좋다.

생각보다 흰 벽이 너무 좋아서 벽면 중 한 부분은 흰색을 반드시 살리기로 맘먹었고, 싱크대와 조리대가 들어가는 주방 벽면으로 최종 결정했다. 핸디코트로 이미 하얗지만 그 위에 백색 페인트를 한 겹 더 발라 마무리했다.

42프로젝트를 시작하게 된 가장 큰 계기는 어떻게 보면 블랙홀이 따로 없던 엄마의 냉장고 덕분이다. 영화 건축학개론의 장면 중 남자주인공인 이제훈이 엄마의 냉장고 문만 열면 내용물이 후드득 쏟아지는 장면이 있다. 내가 아는 대한민국의 꽤 많은 엄마들, 그리고 우리 엄마의 냉장고도 비슷한 상황이었다.

가정을 꾸리는 전문성과 절약정신은 존경하지만 내 공간이 전혀 존재하지 않은 '엄마의 냉장고'에는 코스트*에서 파는 크림치즈 프레첼을 사다 저장할 수 없다는 것은 큰 슬픔이었지.

그래서 내 냉장고 놓을 곳을 찾다가 여기까지 왔다는 긴긴 42프로젝트의 전설. 이런 이유로 주방은 내게 매우 소중한 곳이므로 화이트로 강렬하고 깔끔하게! 주방 흰벽 완성!

기대했던 것보다도 깔끔하고 예뻤다. 특히 나중에 조명이 들어갔을 때는 온몸으로 진가를 발휘한 내 사랑 흰벽.

퇴근하고 난 후 옆집에서 전기를 빌려 쓸 수 있는 시간이 하루 2~3시간이고 인테리어 초보의 어리숙한 손으로 진행하다 보니 실제로 약 사흘 정도가 걸려 더딘감이 없지 않았다. 하지만 나만의 공간이고 가정집이 아닌 아지트라는 목표가 다소 서툰 솜씨도 그럴듯하게 소화해주고 있었다.

벽 마감까지 하고 나니 이제 정말 새로운 공간이 태어났다.

정산

PART 1 기초 다지기
#4. 벽 - 수성페인트로 벽 칠하기
_____

- 아이생각 수성 외부 프로 백색 10L 55,000원
- 아크로텍스 잉크 1개 6,000원
- 로라大 2개 8,000원
- 로라小 1개 2,000원
- 붓 2개 6,000원
- 일회용 로라대 3,000원
- 로라용 팔레트 2,000원
- 플라스틱 팔레트 1,000원

_____

= 계 83,000원
_____

누적 442,100원

#5. 빈티지 바닥 - 스터코빈티지

벽이 어느 정도 정리가 되었으니 이제는 바닥을 손보자.

요사이 흔히 볼 수 있는 바닥 인테리어 중에 가장 마음에 드는 것은 콘크리트 노출 마감이었다. 새것 같으면서도 거친 그 느낌!!! 하지만 콘크리트를 실제로 사용할 능력도 상황도 안 된다는 것이 현실. 다양한 바닥 마감 재료를 찾아보던 중 원하던 분위기와 가장 비슷한 것이 '빈티지 바닥'이라는 것까지 찾아냈다.

'바닥 인테리어', '바닥 마감재', '카페 바닥' 등 검색을 통해 많은 것을 알아냈지만 정보가 너무 많아도 문제였고, 벽에 비하면 바닥 마감을 셀프 인테리어로 진행하는 게 흔치 않아 초보자가 직접 하기에 겁이 났다.

아무래도 바닥은 전문가에게 맡겨야지 싶어서 업체에 연락을 돌려보았지만, 6평 기준으로 최소 60만 원에서 100만 원을 부르니 예산 부족의 사유로 결국 다시 '셀프 인테리어'로 유턴.

바닥을 보니 몹시 추억이 아른거리며 익숙하다. 국민학교(절대 초등학교 아님) 때 교실 말고 계단쪽 돌바닥이구나!

나름 앤티크하다고 느꼈는데 보는 사람마다 바닥을 보며 낡음을 안타까워했다. (하지만 나중에는 이 바닥을 그대로 살릴걸~하며 매우 후회했다는 것을 미리 밝힌다. 남의 말보다도 내가 진짜 원하는 것이 무엇인지 지조 있게 계획하는 것이 중요하다고 생각해본다.) 게다가 처음부터 작업을 마구 하다 보니 핸디코트와 페인트가 여기저기 묻어 더 더럽기까지 했고, 바닥에 무언가 마감 처리를 하지 않으니 전체적으로 '완성'의 느낌이 나지 않아 결국 작업을 하기로 결심했다.

맨 처음 검색으로 알아보고 선택했던 마감재는 '자동수평몰탈'. 이것이 정답인 줄 알았고 반드시 써야 수월할 것 같아 주말 작업을 위해 목요일쯤 주문하려던 찰나 옥*에서 '스터코빈티지' 5평 세트를 찾게 되었다.

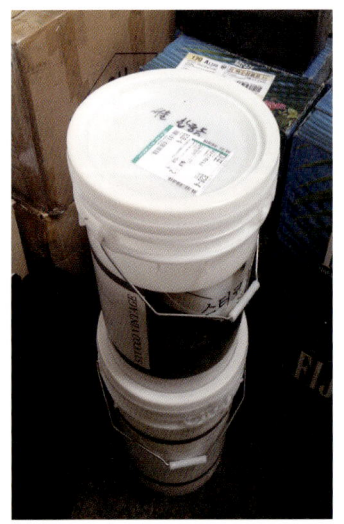

바닥 마감재들은 보통 시멘트와 페인트 중간 정도 되는 질감의 소재로 바닥에 펴 바르고 굳혀서 사용한다는 것은 비슷했지만 스터코빈티지가 자동수평몰탈에 비해 조금 더 빈티지한 시멘트 느낌을 살릴 수 있고, 가격 부분의 가성비가 훨씬 더 좋았다. 자동수평몰탈 약 35만 원 vs 스터코빈티지 17만 원, 게다가 스터코빈티지 5평 세트 안에는 작업에 필요한 모든 재료가 순서대로 들어있으니 고민할 필요가 없었다.

순서는 프라이머 – 스터코빈티지 – 에폭시 하도 – 에폭시 상도 총 4겹을 바닥에 펴 바르는 느낌으로 진행. 아예 세트로 판매하니 판매 사이트의 텍스트만 열심히 읽어도 자동으로 학습이 되었다.

42프로젝트는 6평이지만 대충 펴 바르고 아껴 쓴다!라는 취지로 과감히 5평 세트를 구입했다. 로라와 붓이 포함된 추가 구성품까지 준비 완료!

비장하게 토요일 아침 42프로젝트에 도착해서 1차 작업인 프라이머부터 바르기 시작했다.

프라이머는 바닥과 본격 바닥 마감재인 '스터코빈티지'가 서로 잘 달라 붙게 하는 역할로 쉽게 말하면 여자 사람 화장할 때 파운데이션 전에 메이크업 베이스 바르는 느낌과 비슷하다.

재료는 프라이머 4L와 로라, 모서리 부분을 칠할 때 사용할 붓. 프라이머는 묽은 풀 느낌인데 빈 통에 붓고 로라에 푹 적셔 바닥에 총 2번 바를 수 있는 양이다.

푹푹 담가서 슥슥 바르니 벽 인테리어 할 때 보다 쉽고 재미있었다. 처음 바를 때는 1시간 정도 걸렸고, 1시간 30분 정도 말린 후에 두 번째 바를 때는 요령이 생겨서 30분 만에 발랐다.

엄마… 나 이러다가 새로운 직업을 얻을 것만 같아… 뭔가 나랑 너무 잘 맞아요…

2회를 잘 펴 바르고 말리는데, 다행히 날씨가 좋았다.

다른 작업도 그렇지만 바닥 작업은 독한 냄새 탓에 통풍이 필수라 날씨가 특히 중요했다.

42프로젝트는 건물 1층의 오픈 공간이라 다행하게도 통풍이 수월해 프라이머가 바짝바짝 잘 말랐다.

자 이제 빈티지 바닥의 꽃, 스터코빈티지 나와주세요!

한 통에 20kg 정도로 통 안에 가루와 액체 재료가 각각 포장되어 들어있고, 그 통에 바로 부어서 섞어 쓰면 되니 사용 방법을 이해하기는 쉬웠지만, 그 무게 때문에 사용하기가 쉽지 않았다. 아무리 쌀 한 포대를 번쩍번쩍 드는 힘 센 여자 사람이지만 이번엔 머리를 쓰자!

재료를 통에 부은 후 뚜껑에 구멍을 뽕 낸 후 교반기를 넣은 후 잘 닫아서 교반기를 드릴에 꽂고 돌리면 '도로로로로로' 하고 잘 섞인다. 역시, 머리는 쓰라고 있는 겁니다. 후후.

교반기는 액체나 고체 재료들을 저어서 섞는 기구를 말하는데 끝부분을
전동 드릴에 꽂으면 자동으로 돌아가니 일을 훨씬 수월했다. 다만 내가 쓰
는 드릴에 맞는 사이즈를 잘 골라야 하니 구매할 때 잘 확인해보고 살 것!
잘 섞어진 스터코빈티지를 구석부터 적당히 붓고 흙손으로 슥슥 펴 바른다.
흠... 로라질은 참 잘했지만 흙손질은 너무 못해서 평평하게는 커녕 바닥
에 요철을 주고 있으니, 완성되면 등산화를 신고 다녀야 할 지경이다.

짠!! 스터코빈티지 펴 바르기 완성!!!
스터코빈티지는 생각보다 금방 말랐다. 다 바르고 난 다음에 물을 뿌리
면서 마블링을 주라고 했는데 바짝 마르고 자꾸 발자국이 남아서 조금
뿌리다 말고 포기했다. 드라마틱한 마블링은 들어가지 않았지만 깔끔한
바닥은 완성.
사실 이때까지만 해도 너무 희뜩한 색이 예쁘지 않아서 차라리 옛날 바
닥이 났다며 침울해하고 있었는데, 바닥 2차 작업인 에폭시 마감 후 블
링 블링 해졌다는 것!

정산

PART 1 기초 다지기
#5. 빈티지 바닥 - 스터코빈티지

- 스터코빈티지 5평 세트 160,000원

  (프라이머, 스터코빈티지, 에폭시 상도, 하도)
- 부속 세트 17,000원

  (붓 2개, 로라 2개, 흙손, 장갑, 마스크 등)
- 흙손 1개 추가 8,000원
- 교반기 2개 15,000원

= 계 200,000원

누적 642,100원

#6. 빈티지 바닥 - 투명 에폭시

예쁜 빈티지 바닥의 마무리, 투명 에폭시!

스터코빈티지로 바닥 1차 마감을 하고 2차 마감은 한 세트였던 투명 에폭시로 작업을 한다.

에폭시는 플라스틱 종류의 하나이다. 보통 표면을 보호하는데 많이 쓰이는데, 쉽게 말하면 투명 매니큐어로 생각하면 이해가 빠르다. 스터코빈티지 작업 후 얼룩덜룩하고 희뿌연 바닥을 투명하고 반짝하게 코팅하는 순서.

에폭시 바닥 마감의 정석은 하도, 중도, 상도 이렇게 쓰리 스텝이 정석인데 약식으로 진행하는 경우는 중도 생략이 가능하다고 한다. 나는 정석이 아닌 삶을 살고 있으니 중도 빼고 하도 상도 심플하게 고고!

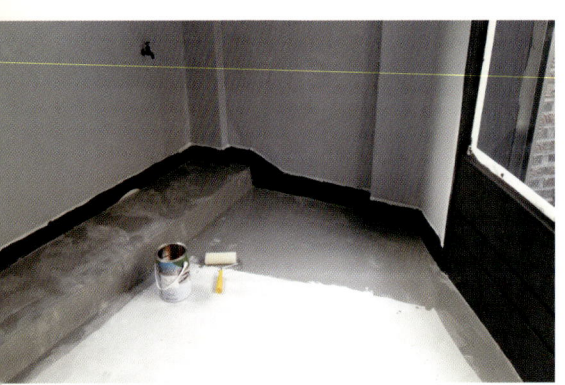

구입했던 스터코빈티지 5평 세트에 포함된 구성품들. 나 같은 초보자들이 셀프 인테리어 하기에 참 좋은 구성이다.

우선 이름 그대로 아래(下)에 들어가는 하도를 준비한다. 냄새가 얼마나 독하면 공업용 마스크까지 동봉해서 팔까 했는데, 통을 열자마자 어메이징 하게 독한 냄새가 작렬한다. 공업용 마스크를 써도 독한 냄새가 나는데 그나마도 이걸 쓰지 않으면 쓰러질 정도라니 약간 무섭기까지 하다.

에폭시 하도 구성품은 2개로 되어 있는데, 하나는 큰 원형 깡통에 액체(주제)가 절반도 안 되게 차 있어서 나머지 네모난 통에 있는 액체(경화제)를 깡통에 부어서 잘 섞은 다음에 바르면 되는 구성이었다. 인터넷으로 검색해보니 반드시 교반기로 잘 섞어야 한다고 했지만…

아침 9시 30분까지 출근하는 직장인인 내가 새벽에 일어나 자전거로 출근하다 들러서 30분~1시간씩 짬 내서 작업하는 상황인지라 아침부터 교반기까지 돌릴 여유는 없었다. (퇴근하고 해도 되지만, 출근 전에 1차 작업을 해두면 퇴근 후에 바로 2차 작업을 할 수 있어 시간이 절약됐다.)

마스크 쓰고~ 통에 잘 붓고~ 신나는 노래 틀어 놓고 한 곡이 끝날 때까지 열심히 뒈뒈 돌린다. 쉐킷쉐킷!

KNOW - HOW

의외로 알찬 세트 구입

셀프 인테리어를 하기 위해 재료들을 검색하다 보면 초보자에게 알맞게 필요한 물품들을 적당하게 구성한 세트 상품이 종종 있다. 전체적인 과정에 대해 정확하게 이해하고 적정량을 구입하는 게 쉽지 않으므로 세트 상품을 활용하는 것이 효율적일 수 있다.

다 섞고 나면 로라에 촵촵 발라서 롤롤 하고 발라준다.

양 조절을 잘해야 하는 게 (당연한 이치이지만) 처음부터 많이 바르
면 나중에 모자라고 너무 적게 바르면 재료가 남게 될 뿐만 아니라 제
대로 안 발라졌다는 증거니까.

하도를 바르고 나면 바닥 색이 진해지면서 조금 더 차분해 보이지만
나중에 마르고 나면 다시 하얗게 보일 정도로 색이 옅어진다. 하도는
상도가 잘 달라붙을 수 있는 베이스 역할을 하기 때문에 아직은 반짝
거리지 않는다.

매트한 분위기가 예쁘고 마음에 든다. 생각보다 바닥이 하도를 쏙쏙
빨아먹는 느낌이었다.

인터넷에서 봤을 때는 튼튼하고 조밀하게 작업하기 위해 두 겹 세 겹
작업하는 분들도 많았지만, 나는 돈도 시간도 없는 소시민이니까 간
단하게 한 겹만!

그리고 이틀 뒤 아침, 이번에는 상도를 바를 차례!

(출근길에 들려서 일하고 가는 재미에 빠졌다. 뭔가 스스로 대단한 아침형 인간처럼 보이며 뿌듯하단 말이지… 어김없이 이럴 때 생각나는 엄마의 한마디, 공부를 그렇게 했으면….)

구성품은 하도와 똑같은데, 함정은 로라가 없다는 것. 하도 바를 때 쓴 로라는 이미 버렸던 지라 한 개 더 구입하고 바닥 모서리 부분을 꼼꼼하게 바를 붓도 준비했다. 요령이 늘어 교반기로 호로록 섞어 빠르게 상도를 바르기 시작했다.

하도가 매트한 느낌이었다면 상도는 확실히 끈적끈적하고 반짝거리는 코팅액의 느낌이 강했다. 다 바르고 나니 반짝반짝 했지만, 저녁에 퇴근 후 와보니 아까 바른 상도가 다 어디 갔나 할 정도로 빛을 잃었다. 바닥이 다 흡수해버린 느낌. 이건 상도가 모자라다는 이야기겠지.

어떻게 하나 고민하다가 상도만 추가로 구입해서 더 바르기로 결정했다.

KNOW - HOW

로라나 붓은 여유 있게 준비할 것

스터코빈티지나 투명 에폭시 모두 작업 할 때마다 로라와 붓이 자주 사용된다. 예산을 아끼고자 중간에 로라를 한 번 물에 빨아서 사용한 적이 있었는데, 아마도 물값이 로라 값만큼 나왔으리라 생각된다. 가격이 높지 않은 소모품들은 여유 있게 구입해두고 사용하는 게 더 좋다.

빠른 진행을 위해 인터넷 대신 집 근처 페인트 가게에 가서 유사품으
로 구입 완료. 가격이 미묘하게 더 저렴했지만 퀄리티는 느낌적인 느
낌으로 그놈이 그놈이었다.

이제 전문가의 손길처럼 재빠르게 펴 바른다. 찹찹과 롤롤의 연속. 냄
새가 너무 역해서 1초라도 빨리 발라야만 살 수 있다는 본능의 의지
가 속도를 점점 올린다.

맨 처음에는 6평 바닥에 무언가를 닦거나 바르거나 무엇을 하던 딱 1
시간씩 걸렸는데, 그동안 물걸레질, 프라이머, 스코터빈티지, 하도,
상도 등등 몇 번을 펴 바르며 단계별 학습을 완료하여 이제 20분이면
바른다. 하지만 힘든 건 마찬가지, 하.. 하얗게 불태웠다.

다 칠하고 난 뒤, 집에 돌아와서 5평 세트를 구입했던 옥*사이트에
들어가 너~어무 좋았지만 상도가 모자라서 너무 힘들었다고 장문의
후기 글인지 편지인지 헷갈리는 글을 사진과 함께 남겼다. 그냥 돈 더
받고 상도 넉넉히 넣어달라고 의견 제시까지⋯. 이런 글 누가 할 일
없이 쓰고 앉았냐 했는데, 그건 바로 나!

이렇게 60만 원부터 100만 원이 넘는 견적으로 호시탐탐 내 주머니
를 노리던 인테리어 전문가님들을 건너뛰고 내 손으로 30만 원짜리
바닥 시공을 마무리했다.

결과는 매우 만족!

정산

PART 1 기초 다지기
#6. 빈티지 바닥 - 투명 에폭시

· 투명 에폭시 상도(노루표) 추가 구입(4L) 30,000원

· 추가 로라, 붓, 일회용 파레트 등 부속 11,000원

= 계 41,000원

누적 683,100원

PART

02

중심 세우기

#7. 타일 - 주방 타일 붙이기

기본적인 벽과 바닥 마감을 정리하고 이제는 부분 부분 디테일을 살릴 타이밍이 왔다.

너무 하고 싶었던 작업이라 제일 먼저 해야지 하고 기다리고 있었던 것은 주방 타일 붙이기! 주방은 반드시 흰색으로 깨끗하고 깔끔하게, 번쩍번쩍하게 살리겠다는 나의 희망과 굳은 다짐을 담아 흰색 타일을 붙이기로 결심했다.

근데 이 타일이라는 게 은근 비싼데다가 1개당 단가가 저렴해 보여도 계산을 해보면 면적 당 붙여야 하는 타일의 개수가 생각보다 많아 저절로 예산이 쭉쭉 올랐다.

가성비를 고려하며 무광과 유광 타일, 정사각형과 직사각형의 미적 아름다움에 대해 폭풍 검색과 고민을 1주일 동안 거듭했다.

최종 선택은 유광에 직사각형, 고민은 오래지만 결제는 빠르게, 재료 구입 완료!

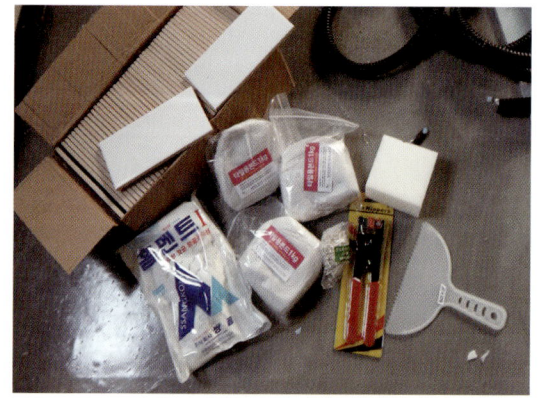

① 직사각 자기 타일(200*100mm)

② 타일을 벽에 붙이는 접착제 타일 본드

③ 타일과 타일 사이를 메꾸는 홈멘트(백시멘트)

④ 타일 간격을 균일하게 맞춰주는 줄눈간격제

⑤ 홈멘트를 닦아내고 마무리하는 스펀지

⑥ 타일을 자르는 커터기

⑦ 타일 본드에 요철을 주며 균일하게 발라주는 뿔헤라

KNOW - HOW

가능하면 재료는 모두 한 곳에서 구입하자

다른 단계의 작업들 보다 유독 자잘한 재료들이 많은 타일 붙이기. 가능하다면 한 곳의 쇼핑몰에서 모두 구입을 하여 헷갈리지 않게 하자. 특히 타일의 경우 타일마다 특성이 다른데 그 타일에 필요한 자재를 같이 파는 게 보통이므로 함께 구입하면 훨씬 작업 준비가 수월해진다.

타일이 얼마나 필요한지를 알아야 나머지 부재료의 양도 조절할 수 있다. 타일 붙일 공간의 면적의 가로 세로 길이를 확인한 후 내가 선택한 타일의 길이를 함께 계산하여 몇 장 정도 필요한지 정한 후 부러지거나 할 상황의 예비용을 생각해서 총 개수의 10% 정도 더 구입하면 좋다.

타일을 마지막으로 붙일 때는 분명 기존 타일을 잘라서 붙여야 하기 때문에 간이 커터기도 필수적이다. 폭풍 검색을 통해 가장 싼 사이트를 찾아 일괄 구매 완료.

이제 본격적으로 타일을 붙여보자.

타일을 붙여야 할 곳, 시작점과 맨 위쪽에 직선을 잘 긋는다. 이 선만 따라서 잘 붙이면 타일이 비뚤어질 일이 없다. 선 밑으로 뿔헤라를 사용해 타일 본드를 잘 펴 바른다. 물에 섞어서 쓰는 접착제도 있었지만 이렇게 아예 반죽이 되어 있는 것을 바로 사용하는 것이 훨씬 더 편하고 깔끔하다. (없어도 되지만 있으면 편한 재료! 사진에 착용하고 있는 실험용 고무장갑)

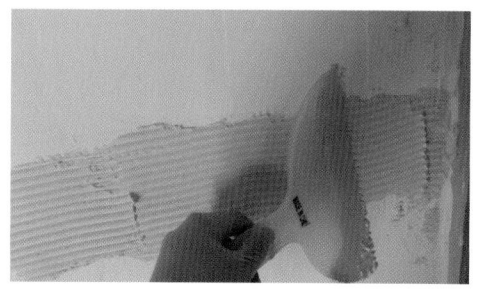

타일 본드의 경우 부피가 있기 때문에 고르게 펴 바르지 않으면 타일이 들쭉날쭉 해 보일 수도 있으니 균일하고 얇게 발릴 수 있도록 뿔헤라를 잘 활용해야 한다.

이제 타일 본드 위에 타일을 예쁘게 붙이면 된다. 그냥 붙이지 말고 붙인 다음 지긋이 좌우로 비비듯 눌러주면 잘 붙는다. 그리고 줄눈간격제를 타일과 타일 사이에 꽂아 균일한 간격으로 붙일 수 있게 한다. 겨우 하나 붙였는데 내 눈에는 이미 최고급 주방이 탄생한 것 같이 예쁘다.

+모양 줄눈간격제는 타일 붙이기 작업을 할 때 꼭 필요한 재료로 정말 사길 잘했다. 인터넷에서는 이쑤시개로 하거나 눈대중으로 맞춰가며 해도 된다고 했지만, 1천 원대로 가격이 저렴해서 부담도 없고 초보자들의 눈대중보다는 도구의 힘을 믿는 게 훨씬 낫다.
다만 문제는….
저 +모양 줄눈간격제는 나처럼 타일을 지그재그로 어긋나게 붙일 때가 아니라 일렬로 한 줄 세우기를 할 때 써야 한다는 사실을 두 번째 줄 타일을 붙이다 깨닫게 되었다.
맙소사, 순간 충격을 받아 일시 정지가 됐지만 나란 여자 위기의 순간에 빛을 발하는 그런 여자, 십자 모양을 세워서 칼을 꼽듯 꽂아서 사용하자! 문제 해결! (홋홋) 이렇게 쓰니 오히려 나중에 뽑아서 재사용 할 수도 있더란 이야기.

총 100개였는데 작업을 하다 보니 나중에는 줄눈간격제가 모자라서 앞부분을 뽑아서 재사용 했다. 별거 아니지만 정말 요긴한 아이템인 줄눈간격제를 기억하자.

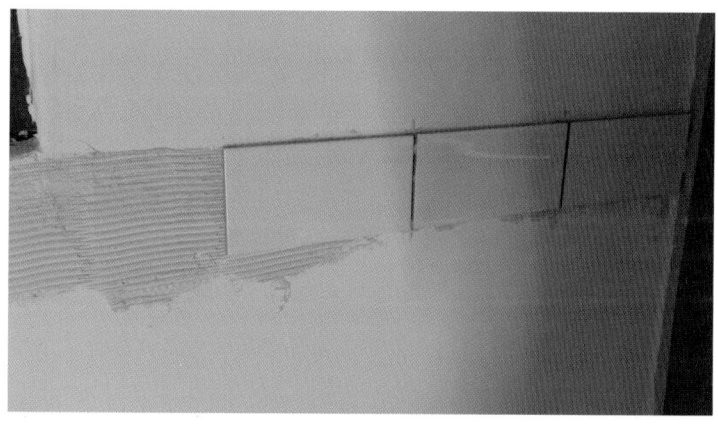

타일 커터기, 커팅기, 타일 칼!

비용 절감을 위해 살까 말까 고민을 많이 했다.

원래 처음 42프로젝트를 시작할 때 이렇게까지 크게 일을 벌일 생각
은 아니었는데, 이래저래 하고 싶은 걸 다 하다 보니 진짜 두세 달 치
월급이 들어가는 상황에서 단돈 천 원이라도 아끼자는 마음이 컸다.
에이 이까짓 거 커피 한잔 안 먹지 하고 눈 꾹 감고 샀는데 결과적으
로 매우 만족!

동그란 칼날 부분으로 힘줘서 타일 위에 롤링하고 고무날이 달린 부
분을 타일 위에 고정한 뒤 펜치를 누르듯 세게 힘을 두면 또독 하고
부러진다.

주의사항은 롤링할 때 한방에 힘을 줘서 빡세게 해야 하는 것, 그리고
이게 말 그대로 커팅을 하는 게 아니라 미세한 금을 준 뒤 지렛대원리
로 부러뜨리는 거라 생각만큼 아~주 깔끔하게 잘리지는 않지만 셀프
인테리어에는 충분했다. 만족의 연속.

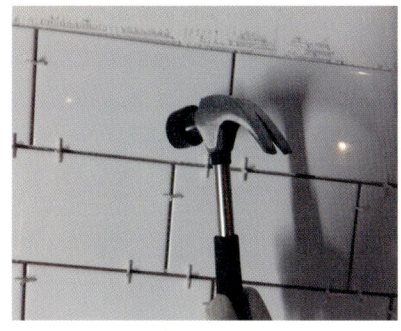

다 붙이고 나면 혹시 모르니 고무 망치로 통통 치면서 잘 고정시켜준다. 고무망치를 따로 구입하는 건 오바고, 예전에 셀프 인테리어의 성지인 스웨덴 가구 가게 이*아에서 저렴한 공구세트가 1만 원도 안 하길래 구입해뒀는데 그 안에 망치 머리에 씌워서 사용하는 고무뚜껑이 있어 편리하게 사용했다. 없다면 패스해도 되고 다른 물렁하지만 딱딱한 물건을 사용에 통통 쳐주는 정도로 진행해도 충분할 것 같다.

가지런하고 이쁜 주방 타일 현황.
내 손으로 해서 그런가 내 자식같이 소중하고 이쁘다.
하나 아쉬운 건 워낙 낡고 오래된 집이라 벽면도 고르지 못한 컨디션이라 타일이 고르지 못하고 살짝 들쑥날쑥 하다는 점. 하지만 그거 조차도 이뻐 보이니 타일 작업은 성공으로 정했다. 야호!

밤늦게까지 타일 붙이기 완료하고 다음날 잘 마르기를 기다려 이번에는 줄눈 작업을 시작한다.
줄눈제로 사용할 홈멘트는 흰색. 요새는 북유럽 스타일이나 뭐다 해서 비둘기색이나 회식 줄눈제가 많이 쓰이는데, 나는 그저 오매불망 흰색 주방이다.

홈멘트 2kg에 물 500g 정도를 섞어 잘 배합해서 사용한다. 잘 섞으면 이 정도 질감이면 타일 사이에 잘 발라지겠다는 느낌이 온다. 이제 셀프 인테리어의 고수가 된 것 같은 착각에 혼자 낄낄거리며 홈멘트 반죽을 바르기 시작한다.

광범위하게, 거칠지만 세심하게 바른다. 타일과 타일 사이는 빈틈을 메워준다는 느낌으로 꼼꼼하게 잘 채워 다독여 준다.

1시간 정도가 지나면 금방 바른다.

핸디코트를 바를 때 썼던 헤라로 굳은 홈멘트를 살살 긁어내면 잘 떨어진다. 큰 덩어리들이 떼어낸 후에는 스펀지에 물을 적당히 묻혀 타일 위를 닦아낸다. 줄눈 부분은 너무 세게 닦으면 오히려 파여지므로 적당히 닦아내어 예쁘게 마무리될 수 있게 한다.

드디어 완성!

이것은 순수 100% 내 힘으로 고르고 만들어낸 하얀 타일의 주방이다. 아직 전체 완성되려면 멀었지만 너무 멋지고 예쁘다. 그동안 힘들었던 게 다 보상받는 기분이 들었다. 와우와우 신나신나!

성형 후라고 말해도 될 만큼 처음과는 전혀 다른 공간이 되어가고 있다. 그전 작업까지는 해도 티가 안 나는 느낌이었는데, 타일 작업부터는 변화가 느껴져서 마음이 더 두근두근거린다. 아직 갈 길이 머니까 힘내자!

정산

PART 2 중심 세우기
#7. 타일 - 주방 타일 붙이기

- 자기질타일 화이트 100*200 50장 * 2박스 48,000원

- 타일 커터(타일 절단기) 3,900원

- 타일 줄눈간격제(100개) 1,200원

- 타일용 본드 1kg * 3봉 8,100원

- 타일줄눈제 홈멘트 2kg 2,000원

- 톱니 뿔헤라 & 스펀지 1,500원

= 계 64,700원

누적 747,800원

#8. 전기 - 배선 넣고 정리하기

전기 이야기를 시작해보자.

전기를 빼고(?) 전선을 넣는 모든 작업들은 전기 지식이 해박한 지인들의 도움으로 진행했다. 혼자 인터넷 지식으로 진행하기에는 어렵기도 했지만 안전과 직결된 부분이기에 전문가에게 부탁하려고 했지만 감사하게도 고마운 분들의 도움으로 추가 비용 없이 작업이 가능했다.

이번 이야기는 상세한 정보 전달보다는 전체적인 작업 과정의 흐름에 포인트를 맞추고 시작!

원래 이 공간이 빵집 대리점 창고로 쓰였을 때는 옆집 이발소와 전기를 나눠 쓰고 요금을 반반씩 내고 있었다고 한다. 하지만 내가 가게를 얻고 난 뒤 나의 전기 낭비를 예상한 이발소 사장님이 강력하게 전기를 나누어 달라고 집주인에게 요구했다고 한다. 본의 아니게 나야 땡큐 한 상황.

집주인 분이 한국전력공사(이하 한전)에 신청하여 전기를 새로 빼주시기로 했다. 근데 이게 신청한다고 바로 다 되는 게 아니고, 일단 전기 전문가를 불러 전기선을 나눠놓고 두꺼비집을 설치한 후에 한전에 신고를 하면 나와서 검사를 하고 난 뒤 전기를 넣어주는 순서로 진행된다.

무언가 허가가 한 번에 안 나서 연기되고 전기가 들어오기 시작한 건 신청한 후 2주가 지나서였다. 그 즈음부터 전기와 조명 재료들을 하나 둘 사기 시작해서, 원기옥 모으는 느낌으로 하나하나 정성을 다해 모았다. 전기 지식인들이 장바구니에 담아준 물건들을 쿨하게 결제, 결제, 결제!

그때부터였어요... 제 통장에서 돈이 흘러 나가기 시작했던 것이...

그래서 도착한 전선과 후렉시블, 그리고 전기 부속들.

전기 설치의 가장 기본이 되는 전선, TFC-CV 케이블로 절연체가 들어가 일반 전선보다 굵고 안전하고 비쌌지만 안전을 위해 선택했다.

초등학교 실습시간 때 니퍼로 까본 후 처음 본 전선 속, 훨씬 더 굵고 안에 전깃줄이 3줄이나 들어가고 절연체라는 물질이 가득 들어있어 잘 모르는 내가 봐도 안전할 것 같이 생긴 늠름한 모습. 절대 가격이 비싸서 늠름하게 보이는 건 아닐 거야.

이것이 바로 후렉시블. 풀네임 '케이블 정리용 주름관 전선'. 전선을 보호하는 후렉시블, 가정집에서는 전선 배관이 벽 안에 있어 외부로 보이지 않지만, 노출 배관 공사 시에 노출된 전선을 보호하는 목적으로 쓰인다. 주름관처럼 생겨 안이 뚫린 호스로 그 안으로 전선을 넣어서 사용하면 된다. 요건 밖에 보이는 아이니까 튼튼하면서도 예쁜 아이로 선택.

추천 받은 링크 그대로 샀는데 알고 보니 최고급 후렉시블이었다. 42 프로젝트 셀프 인테리어를 하면서 오가던 동네 주민들이 많이 구경 오셨는데, 지나가던 전기 아저씨가 깜짝 놀라며 아니 뭐 이런 코딱지만한 가게에서 이렇게 최고급 소재를 쓰냐며 껄껄 웃으셨다.

훗.. 아저씨… 저는 멋만 알고 돈을 모른답니다.

그리고 그 외 다양한 전기 부속품들
조명을 켜기 위해 누르는 와이드 4구 스위치, 전선이 들어간 후렉시
블과 두꺼비집 혹은 스위치 사이를 연결할 때 쓰이는 조인트(혹은 커
넥터), 후렉시블을 고정하는 U자 모양의 새들, 못과 비슷하게 생긴
앙카, 전선을 연결하는 전기 절연테이프 등 다양한 부속 재료들도 전
문가의 조언대로 구입했다.

재료를 준비하면서 느낀 것은, 아~ 이건 내가 혼자 할 수 있는 분야는
아니구나! 자존심이 급 상한 나는 뭔가 내가 할 수 있는 게 없을까 고
민하다가 검은 유성페인트로 스위치 커버를 열심히 칠했다.

전기 작업의 시작은 이렇게 전선을 후렉시블 안에 슉슉슉 집어넣으면서 시작한다.

한 블록의 길이가 길 때는 5m를 훨씬 넘다 보니 안에 넣는 게 쉽지 않았다. 마치 밧줄 운동을 하듯 온몸을 흔들고서야 간신히 성공. 혼자 하는 것보다 둘이 하면 조금 수월하다.

기본 세팅을 하고 나면 두꺼비집, 누전차단기에서 전기를 따온다. 즉 전선을 연결하여 조명이 들어갈 곳, 콘센트가 들어갈 곳으로 선을 빼는 것이다.

흰색 벽과 회색 벽 사이의 정렬된 까만 후렉시블이라니, 감히 섹시한 인테리어라고 말하고 싶다.

하… 너무 예쁜 것!

그렇게 필요한 곳으로 전선을 쭉 다 빼고 고정을 하기 위해 앙카를 박는다. 예전에 석고보드로 가벽을 세운 부분이라 석고 앙카와 피스(못)를 준비했다. 보통 고정을 할 때 못을 바로 박는데, 석고보드의 경우는 강성이 약해 석고가루가 부스러지면서 단단하게 고정이 되지 않는다. 그래서 못이 들어갈 자리를 미리 내주는 느낌으로 앙카라는 받침대를 미리 박아 두고 그 위에 못을 박으면 단단하게 고정이 된다. 후렉시블을 고정시킬 새들(U자 모양 고정쇠)을 놓고 앙카에 피스를 박으면 완성.

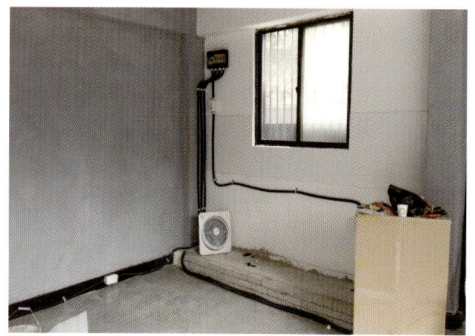 

이렇게 전기가 벽마다 열심히 들어간다.

이렇게나 많이 필요할까? 할 정도로 콘센트를 엄청 배치했는데도, 완성 후에 모자라면 모자랐지 여유 있지는 않았다. 전기를 설치할 때는 무조건 콘센트 많이 많이 배치하는 것이 좋다.

조명과 연결되어 불을 켜고 끄는 그 버튼, 와이드 4구 스위치에 전선을 잘 연결하고 조립하면 거짓말처럼 조명에 불이 들어온다.
아무래도 직접 진행한 부분이 아니다 보니 상세한 설명이 불가하지만 어쨌든 전기 설치 완성!

점점 구색을 갖춰가고 있어 뿌듯하다.

정산

PART 2 중심 세우기
#8. 전기 - 배선 넣고 정리하기

· 전선(3심 50m) 47,000원

· 후렉시블(36mm*50m) 70,000원

· 전기부속 일체(스위치, 콘센트, 새들 등) 26,500원

= 계 143,500원

누적 891,300원

#09. 조명 - 레일 조명

그렇게도 힘들게 진행했던 전기가 마무리되자 이제는 조명이 기다리고 있었다.

조명은 더 고민할 것도 없이 시작부터 레일 조명으로 마음을 정해놓고 시작했다. 값도 저렴한 편이였고, 무엇보다 설치도 간편한데 여러 개의 조명들을 한꺼번에 넣을 수 있으니 장점이 많다고 생각했다.
처음엔 나팔 등을 달려고 하다가 너무 흔하기도 하고 빛의 효율성이 많이 떨어질 것 같아 전구가 온전히 다 노출되는 스타일로 정했다.

머릿속으로 수백 번 생각하고 인터넷 검색을 너무 많이 해서 나중엔 눈알이 튀어나오는 줄 알았다. 게다가 10원이라도 아끼겠다고 엑셀 창을 띄워놓고 사이트별 가격별 다 정리하고 있노라니, 그냥 다른 데서 아끼고 대충 살란다~ 이렇게 되더라. 커피 한 잔 덜 먹고 말지 마인드 발동. 그래도 2주간의 폭풍 검색을 통해 제일 예쁘고 싼 곳을 찾아 구입을 완료했다.

42프로젝트에 들어간 레일은 총 9m에 조명은 총 11구
2m*3m 1세트(조명 7구) + 2m*2m 1세트(조명 4구)
인테리어 업자 분의 조언으로 평당 2개 정도는 들어가야 한다고 하셔서 얼추 맞춰 구입했다.

이게 바로 레일 조명의 '레일'
1m 단위로 있고 연결 잭이 있어서 꽂으면 2m, 3m로 늘어난다.

KNOW - HOW

레일 조명 구매할 때 주의할점

간단하게 1m짜리 레일 한두 개를 붙일 때는 간편하지만 그 이상의 길이를 설치하거나, 설치해야 하는 천장의 평면이 반듯한 사각형이 아닌 다른 형태(42프로젝트는 무려 평행 사변형+삼각형)라면 종이에 평면을 축소하여 그려본 뒤 적절한 위치를 그려보며 배치하는 것이 좋다.
또 레일을 구매할 때 레일에 구멍이 나 있는 것(천장에 앙카&피스로 고정할 수 있게)을 확인하고 구매하는 것이 좋다. 간혹 뚫리지 않은 레일을 판매하는데 이럴 경우 내가 직접 뚫어야 하니 다소 귀찮을 수 있다.

저 레일에 구멍이 뚫려 있어서 천장 적당한 위치에 놓고 레일 구멍을 표시 한 후 표시 점에 앙카를 박고 다시 레일 위치를 잡은 뒤 피스로 고정하면 레일 설치가 완료된다.

의외로 제일 힘들었던 것은 천장에 레일을 부착할 때 삐뚤어지지 않게 예쁘게 붙이는 것, 그리고 적당하게 한쪽으로 쏠리지 않게 중간 부분에 배치하는데 땀을 뺐다. 2인 1조로 천장에 선을 잘 긋고 밑에서 피스나 드릴 전달 등을 잘 보조해주면 한결 수월하다.

이게 바로 레일 연결 부속과 등기구(전구를 다는 부분)

연결 부속 중에는 ㄱ자 모양은 레일과 레일이 90도로 꺾어지게 연결 가능하고 —자 모양은 직선으로 이어주는 역할을 한다. 그리고 가운데가 전구를 다는 부분인 등기구로 전구 그대로를 모두 노출해줘서 깔끔하고 예뻤다.

42프로젝트 천장에는 크게 ㄱ자 모양으로 나누어 설치하기로 결심.

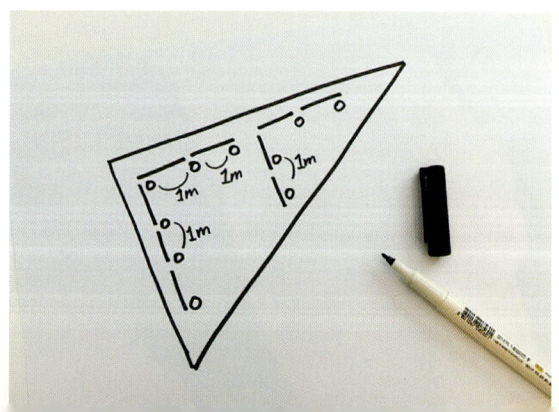

심혈을 너무 기울이다가 토할 뻔한 아이템,
LED 볼 전구.

와. 나 이거 살라고 연습장 펼쳐놓고 필기하면
서 전기 공부까지 했네.

며칠간 공부한 내용을 그냥 한 줄로 요약해보
자면, 전구 가격은 백열 전구 < 삼파장 전구 <
LED 전구, 전기세는 반대로 LED 전구 < 삼파
장 전구 < 백열 전구. 결론은 요즘 대세이자 내
구성이 좋다는 LED 전구로, 그리고 레일 조명
끝에 방울방울 예쁘게 보일 수 있게 동그란 볼
전구로 선택했다.

폭풍 검색으로 LED 볼 전구 구입 완료.
9.5W, 전구색(약간 노르스름, 우아한 분위
기), 볼 지름 11cm, 소켓 포함 높이는 13.5cm
내 스스로 나를 봤을 때 꽤나 결정 장애 성향
이 강한지라 전구 고를 때 너무 힘들었다. 정
보가 너무 많아도 문제라 전구의 미묘한 단점
이 후기에 적혀있으면 소스라치게 놀라며 이
거 사면 안되겠다 이렇게 팔랑귀를 하다 보니
선택이 어려울 수밖에…

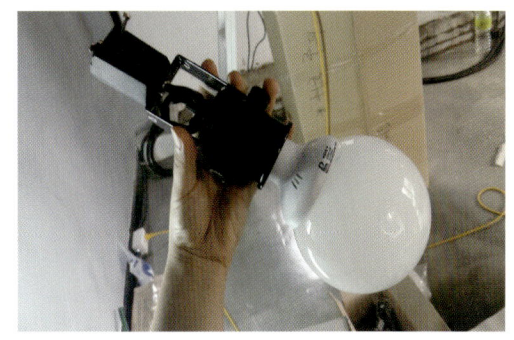

결국 나중엔 엑셀로 정리를 해서 볼 사이즈와 가격을 적고 내림차순
으로 정리한 후 선택해서 구입했다. 볼 사이즈는 성인 남자 큰 주먹만
해서 딱 원하던 사이즈였다.

레일 조명과 LED 볼 전구 설치를 완료했다.
예쁠 거라고 예상은 했지만 이렇게까지 예쁠지는 몰라서 불을 켜놓
고 한동안 입을 벌리고 서 있었다. 나만의 아지트니까 정말 내 맘대로
골라보겠다고 약간 노릇한 전구 색을 고르면서도 사실 약간 불안했
지만 그런 불안감 따윈 조명 스위치를 누르는 순간 사라졌다.

아직 갈 길이 멀지만 이날만큼은 이미 42프로젝트가 완성된 것 만큼
기쁜 날이었다.

정산

PART 2 중심 세우기
#9. 조명 - 레일 조명

- 레일 조명 아이젠 세트

  (레일, 등기구, 부속품 구성-총 9m) 100,000원
- LED 볼전구

  (9.5W, 전구 색, 11개, 배송비 포함) 65,000원
- 기타 부속류 추가구입

  (드릴날, 케이블타이, 앙카&피스 등) 30,000원

= 계 195,000원

누적 1,086,300원

#10. 조명 - 펜던트 조명

42 셀프 인테리어의 화룡점정, 그것은 바로 메인 조명 달기!

뭐 할 때마다 다 화룡점정이라며, 눈알만 한 오백 개 찍을 기세지만, 하나하나 직접 하는 셀프 인테리어다 보니 뭐하나 소중하지 않고 (내 눈에) 예쁘지 않은 게 없다.

전기 작업 및 1차 조명 작업을 완료하고 난 42 프로젝트의 전경을 보니 뭔가 이제 진짜 자리를 잡아가는 느낌이 물씬 든다.

벌써! 어느새! 작업을 시작한 지 1달을 훌쩍 넘어가고 있었고, 퇴근길에 들러서 페인트칠 한 번하고 주말에 자전거 탈 시간 쪼개서 벽돌 하나 올리고 있자니 시간이 훨훨 지나간다.

전문가를 통해서 했다면 일주일이면 끝났을 일들이 한 달로 늘어난 상황이지만 하나하나 직접 내 손으로 하는 재미와 후회(?)는 돈 주고도 살 수 없는 값진 경험들이었다. (후후후)

아무튼 조명을 달기 위해 엄청난 폭풍 인터넷 검색질을 하다가 '아.. 더 이상은 내 뇌로 데이터 분석이 불가하구나...' 하고 렉이 걸렸을 때, 한 방에 해결하고자 셀프 인테리어의 보고이자 만물상인 이케*로 고고싱!

Pendent 펜던트

드리운, 매달린, 쑥 내민 – 의 사전적 의미와 같이 조명이지만 달랑달랑 하게 내려온 조명을 말한다. 인터넷에서 열심히 찾아봤을 때는 최신 트렌드를 물씬 풍겨 예쁘지만 내년이면 부담스러워질 듯한 조명 기구가 많았던 반면, 이제* 조명들은 덜 세련됐지만 은은하고 차분한 매력들이 있었다.

이케* 조명 멜로디 MELODY

작은 사이즈는 무려 9천 원, 내가 고른 큰 사이즈는 2만5천 원이라는 어마어마한 가성비를 아낌없이 뿜어내고 있는 조명 멜로디. 심플한 것이 매우 마음에 들어 바로 선택했다.

이케* 조명 레골릿 REGOLIT

사실 엄청 어마어마하게 유리구슬 마구 달린 샹들리에를 달고 싶었지만 가난이 죄이므로 어렵게 포기. 중고나라에서 샹들리에 검색하다 가격에 좌절하고 나중에 돈 생기면 달아야겠다 라고 결심하고 그렇다면 그냥 제~일 싸고 제~일 예쁜 놈으로 폭풍 찾고 말겠다는 의지로 이케*를 누비다가 발견한 전등 갓 이케* 펜던트 전등갓 레골릿 REGOLIT.

펜던트 조명 안에 넣었던 전구 하나가 스위치를 껐는데도 깜박거리며 매우 놀라운 장면을 연출했다. (아 귀신인가?!!!) 불편한 점은 없었지만 안전 부분에 염려가 되어 문의해본 바 바로 반품 처리가 되었다. 상황을 설명하자 직원이 바로 '혹시 ㅁㅁ아파트이신가요?' 했다. 보통 오래된 주택이나 아파트의 전압과 맞지 않아 종종 생긴다고 하니, 그냥 사용하지 말고 다른 전구로 교체해주는 것이 좋다.

레골릿은 무려 단돈 5천 원!!! 이보다 더한 가성비는 다시 찾을 수 없을 것만 같아 그 자리에서 바로 선택했다. 전등갓은 정말로 갓만 들어 있으므로 안에 들어갈 전구와 전선까지 구입해야 한다.

가져오자마자 바로 장착 완료.
전기와 레일 조명 설치할 때와 마찬가지로 이번까지는 지인들의 힘을 빌렸다. 낮에 찍으니 좀 부실해 보이는 사진. 하지만 조명의 진가는 밤에 나오지요!

해가 어스름해지고 나서 본 펜던트 조명들.
멀리서 보면 커다란 보름달이 떠 있는 것 같이 예쁘다.
솔직히 20~30만 원짜리의 어메이징 한 조명만큼의 아름다움은 없지만 가성비를 고려하면 충분히 만족할만하다. 심플하고 예쁜 조명이 매우 흡족하다.

여기까지 전기와 조명, 모두 완료!
레일과 펜던트 조명에 들어간 비용만(전기 제외) 계산하면 총 20만 원 정도가 들었다. 42프로젝트처럼 다 갈아엎어서 전기 배선까지 작업하는 것이 아니고 기존 집에 있는 전구만 간다고 하면 이 정도 비용이니 한번 맘잡고 해볼 만한 가치가 있는 것 같다.

조명 클리어! 나중에 로또 되면 다이아 붙은 샹들리에 간다! 기다려!!!

정산

PART 2 중심 세우기
#10. 조명 - 펜던트 조명

· 이케* 조명 1 MELODI 24,900원

· 이케* 조명 2 REGOLIT 4,900원

· 이케* 전등코드 HEMMA 5,000원

· 이케* 전등(2구) 8,000원

= 계 42,800원

누적 1,129,100원

#11. 싱크대 - 벽돌 쌓기

42프로젝트라 쓰고 육수 뽑기라고 읽는 셀프 인테리어, 이번엔 벽돌을 쌓아봅시다!

개인적으로 어설프게 나마 노출 인테리어를 표현해보고 싶어서 시멘트 벽돌이 꼭 들어갔으면 좋겠다고 생각하고 있었다.

원래 가벽을 세웠던 벽에 벽돌 벽을 구성해보려고 하다가 집주인 분의 난색에 1차 포기하고 어디에 넣으면 좋을까 고민을 거듭한 끝에 싱크대 주변에 벽돌 벽을 세워 아일랜드 테이블처럼 구성해보자고 스스로와 극적 합의 타결!

고생길이이이이이이! 열린지도 모르고오오오오오! 벽도오오오오오올을! 사러어어어어어! 갔다. (너무 힘들었던 미래의 벽돌 작업에 대한 아우성)

흑석동 빗물 펌프장 근처에서 벽돌을 팔고 있었고, 가격은 어메이징하게도 장당 80원! '사장님 300장 주세요!' 하면 시크한 표정으로 앉아계시다가 아무 말없이 목장갑을 끼고 판두부 나르듯 차에 실어주신다. 벽돌이 무겁고 쉽지 않은 작업이기 때문에 정말 감사했다.
예쁘게 차에 올라탄 벽돌 300장.jpg (처음에 300장 사고 나중에 모자라서 150장 정도 추가로 구입했다.)
장당 2kg인 벽돌을 300장 싣고 보니 600kg을 차에 태운 셈, 뒤뚱뒤뚱 간신히 운전해서 오는데 차 브레이크가 밀려 은근 무서웠다.

KNOW - HOW

벽돌 사이즈와 설치 장소 사이즈를 알면 백전 백승!

시멘트 벽돌의 보편적 사이즈는 가로 190mm, 세로 90mm, 두께 55mm. 여기에 벽돌과 벽돌 사이에 발라질 시멘트 몰탈의 두께를 50~100mm 정도 고려한다면 내가 필요한 벽돌의 개수를 가늠할 수 있다. 중간에 계획이 크게 바뀌지 않는다면 예상한 개수에서 10% 정도 여유 있게 구매하면 충분하다. 다만 벽돌의 무게가 무거우니 전체 필요한 양이 꽤 많다면 개인 차로 가져오기 보다는 용달로 배달을 요청하는 것이 더 편리하고 안전하다.

원활한 진행을 위해 벽돌 쌓을 장소에 세팅 완료! 벽돌이 두부 자른 것 마냥 반듯반듯하고 예쁘다. 싱크대가 들어가야 하는 정면의 바닥이 고르지 않고 좁아서 벽돌로 테두리를 쌓아 올린 후 시멘트 몰탈로 채워 마무리하기로 했다.

'평평하고 고르게 다듬어서 예쁜 싱크대를 반듯하게 올려야지'가 저 때까지의 목표였는데 의미 없는 목표였음을 깨닫는데 오래 걸리지 않았다. 여러분… 인생은 뜻대로 되지 않는 게 포인트입니다! 어쨌든 일단 작업을 시작한다.

시멘트 몰탈은 인터넷에서 구입했다.

몰탈은 물에 개어서 벽돌과 벽돌 사이에 바르는 재료인데, 시멘트에 모래 등을 섞어 조금 더 작업하기 쉽지만 강도는 낮아 부피가 크지 않은 셀프 인테리어 작업 등에 사용하기 좋다.

1포에 20kg, 개당 4,900원인데 배송료가 무조건 1포당 2,500원이다. 벽돌이 싸서 돈 굳었다고 엄청 좋아했는데 몰탈이 11포대 들어간 게 함정.

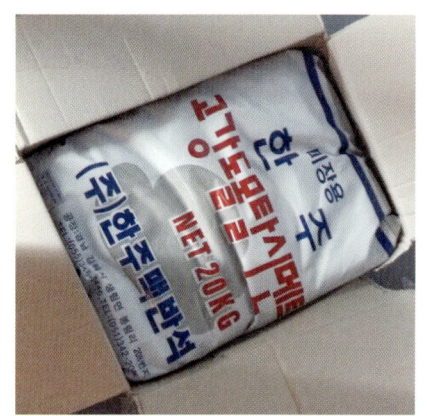

벽돌 옮기기만큼 힘들었던 시멘트 몰탈 반죽하기

예전에 작업하고 남겨뒀던 핸디코트 통이 두고두고 유용하게 쓰였다. 시멘트 몰탈 10kg에 물 1~1.2L 정도의 비율이면 적당하다. 시멘트 몰탈 포대를 번쩍 들어 절반 정도 통에 부은 뒤 물을 넣어서 흙손으로 돌돌돌 섞으면 된다.

와~ 글로는 참 쉽게 잘 써지는구나! 이틀 작업하고 나니 팔에 막 알통이 생기던데… 쉽지 않은 작업이었지만, 오늘만큼 '힘센 여자 사람'인 내가 참 유용한 순간이었다.

몰탈 반죽이 잘 완성되면 벽돌은 어려서 유치원에서 레고 쌓기 좀 했던 실력으로 하나하나 차근차근 올리면 된다. 시멘트 몰탈 반죽은 평소 빵에 버터 발라 먹는 솜씨로 슥슥 삭삭!

제일 중요한 건 시멘트 몰탈 반죽을 균일하게 펴 발라주고, 한 장 한 장 쌓을 때 마다 수평계를 올려 수평을 확인하며 진행하는 것이다. 이 것만큼은 감이 중요한 작업이다. 작업 자체는 어렵지 않아 보일 수 있 지만 전체 재료들의 무게와 균형에 신경을 써야 하니 퍽 힘든 작업이 었다.

벽돌 테두리가 완성됐으면 이제 시멘트 몰탈을 테두리 안에 채워 수평 을 맞춰주면 된다. 문제는 하수구 구멍이 있어서 하수구 파이프를 새 로 갈아주고 진행을 해야 할 것 같은데 무엇을 사서 어떻게 해야 할지 알 수가 없었다는 것.

하수구 구멍 처리가 다급하여 철물점으로 달려가 SOS를 치자 츤데 레 사장님이 못 이기는 척 오셔서 슥~ 한번 눈으로 스캔을 뜨시고는 '너는 이런 것도 모르면서 이런 걸 한다고 난리냐~'하고 사라지셨 다. (와~ 잠시 내 친 아빠인 줄 알았다!) 잠시 후 다시 나타나셔서는 새로운 재료를 무심하게 휙 던져 주시며 '이거 입구 잘 맞춰서 실리 콘 발라!' 외마디를 외치고 사라지셨다.

사실 전문가가 아니다 보니 인터넷 검색을 해봐도 뭘 어떻게 해야 할지 모를 때가 많았다. 그럴 때를 대비해서 동네 철물점을 내 집 드나들 듯 찾아가서 허리를 90도로 굽혀가며 예의 바르게 인사하며 철물점 사장님께 눈도장을 찍어뒀다. 나중엔 철물점에 놀러 가 밥까지 얻어먹는 수준에 도달했다.

이 자리를 빌려 말씀드립니다. 철물점 사장님! 감사합니다!!!

이제 정말 싱크대가 올라갈 곳에 수평을 맞춰봅시다.

시멘트 몰탈을 차분하게 바르는 곳이 아니라 수평을 맞추기 위해 채워야 하는 개념인지라 통에 따로 섞지 않고 바로 채울 장소에서 물과 섞어서 썼다. 어찌나 질척거리고 무거운지 섞는데 너무 힘이 들었다.

욕하면 안 되는데 나도 모르게 중얼중얼하면 그 안에 욕이 꽤나 들어 있었던걸 보면 정말 힘들었나 보다. 그렇게 구시렁대며 열심히 미장을 하다 보니 어느 샌가 완성!

참 곱고 평평하다. 고생한 내 머리를 스스로 쓰담쓰담 하기도 전에 문제가 발생한다.

원래는 이 위에 싱크대를 올릴 예정이었고, 수평 몰탈 작업을 할 때는 이미 이케*에서 싱크대를(더 정확히 말하면 싱크대 및 수납장)을 여러 개 사 온 뒤였다.

그런데 막상 몰탈 작업까지 마치고 보니 불행하게도 벽 자체가 기울어져 있어서 아무리 바닥이 평평해도 싱크대가 안정적으로 올라가지 않는 무시무시한 상황이었다. 거기다가 엎친 데 덮친 격으로 아래 단이 생각보다 높아서 싱크대를 올리니 이건 뭐.. 설거지를 만세하고 하는 느낌이랄까… 이를 어쩌면 좋단 말인가.

늘 이력서 자기소개서에 '위기에 대처를 잘한다'라고 써 놨지만 정말 이번만큼은 대처 방법이 하나도 생각나지 않고 땀만 계속 흘렀다.
하지만 내가 누군가! 1시간 동안 연신 냉수를 들이켜며 열심히 짱구를 굴리다가 내린 결론!

1. 싱크대 수납장을 환불한다!
2. 대신 벽돌을 쌓자!!!!(부재-벽돌 쓰기를 레고 쓰듯 하라)

싱크대 수납장 대신 벽돌로 하부 다리를 세우고 싱크대 상판을 그 위에 얹어서 쓰자는 결론을 내렸다. 벽돌 쌓기가 쉽지 않은 데다 몰탈 섞기는 더더더 힘들었지만 딱히 선택의 여지가 없었다.

벽 쪽으로 전선이 지나갈 수 있게 벽과 살짝 띄워 놓고 벽돌 쌓기. 나중에 전기 온수기를 꽂을 전선과 콘센트를 미리 세팅한다. 여러분, 제가 이렇게 미리미리 준비하는 사람입니다. 훗
사진 몇 장으로 표현하니 간단해 보이지만, 이 한 장을 찍기 위해 흘린 땀이 1L도 더 되리라!

다 쌓은 벽돌 위에는 물을 콸콸 부어주면 벽돌 사이의 몰탈이 더 단단해진다고 한다.

완성된 42프로젝트 벽돌 싱크대.

그동안 했던 모든 과정 중에 쉬운 작업이 하나도 없었지만, 벽돌 작업은 정말 물리적으로 많은 힘이 필요했던 일이라 힘들었고, 힘이 든 만큼 너무 감격스러운 결과물이었다.

내 주방이 갖고 싶었던 작은 소망에서 시작해서 여기까지 오게 되다니, 모든 순간이 꿈이 이뤄지는 것 같이 행복하고 즐거운 시간이다.

정산

PART 2 중심 세우기
#11. 싱크대 - 벽돌 쌓기

- 벽돌 80원*450장 36,000원
- 시멘트 몰탈 20kg 11포 81,400원
  (1포당 4,900원인데 택배비가 무조건 1포당 2,500원씩)
- 하수구 연결 파이프 4,500원
- 실리콘 2,000원
- 에폭시 4L(상도) 30,000원
- 로라 1,500원

= 계 155,400원

누적 1,284,500원

#12. 싱크대 - 상판과 싱크볼, 수전

매 작업마다 '이것은 셀프 인테리어의 꽃!'이라고 표현하지만 이번
에는 진짜 꽃! 42 프로젝트의 핵심인 주방 싱크대 차례.

꽃인 이유는 예뻐서이기도 하지만 아무래도 가격 때문이 아닐까 생
각한다. 여기저기 견적을 받아 보았는데 어디든 돈 1백만 원을 쉽게
불러대는 통에 날마다 머리를 싸매고 #셀프 싱크대 #저렴한 싱크대
를 검색하기를 몇 날 며칠, 신통한 해결책이 없어 고민하다 '그래, 그
렇다면 역시 해결은 셀프 인테리어 만물상!' 이케*로 다시 출동했다.

매장을 방문하기 전에 먼저 홈페이지를 통해 싱크대 관련 상품을 검
색한 뒤 최저가 상품을 확인했는데, 푄디그 모듈식 싱크대 세트가 종
류별로 있었다.

싱크대 하부장, 그리고 벽돌 테두리 안에 넣을 아일랜드 테이블을 모
두 이 푄디그로 하기로 결정하고 하부장을 종류별로 총 6세트 정도
구입했다. (벽돌 쌓기 직전에 이미 구입 완료)

그 다음은 조리대(상판) 고르기.

아… 상판… 그것은 애증의 상판…

처음 42프로젝트 시작할 때만 해도 힘과 아이디어가 통통 튀다 못해 줄줄 흘러 넘쳤기에 야심 차게 원목 상판을 올리네 마네 고민을 했었다. 어디서 또 멀바우 예쁜 건 보고 와서 아주 그냥 꿈에 부풀어 있었더랬지… 아... 젊은이여..

멀바우고 나발이고 42프로젝트 한 달 진행하고 온몸과 마음이 만신창이가 된 나로서는 현재 상태로 원목을 구하고 가공하는 게 불가능하다고 판단, 재빠르게 이케*에서 판매 중인 완제품 상판 에크바켄 246cm 를 구입하는, 내 인생 통틀어 잘한 일 베스트 TOP 10 안에 들어가는 아주 지혜로운 결정을 하게 됐다.

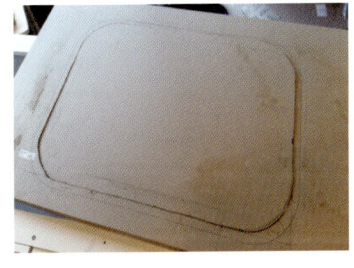

아 근데… 아니 근데!!!

벽돌 편에서 이미 밝혔지만 싱크대를 올릴 곳의 벽과 바닥의 수직이 맞지 않아 하부장을 올릴 수 없을뿐더러, 밑의 단(벽돌 쌓고 시멘트 몰탈로 채운 부분)이 높아서 전체 싱크대의 높이도 적절하지 않은 대참사가 발생했다. 그래서 다시 이케*로 환불을 하러 가게 되는데…

총 6세트를 사온 하부장, 한 세트에 20~30kg를 육박했다. 사올 때야 흥이 나서 어떻게든 들고 왔다지만, 다시 환불하러 가는 그 길은 정말 멀고도 힘들었다. 다시 한번 말하지만 인생은 참 뜻대로 되지 않는다. 하지만 이런 고통 속에 이렇게 더 예쁘고 그럴듯한 벽돌 싱크대를 만들 수 있었으니 그것으로 위안을 삼아본다.

자 그럼 이제 본격적인 벽돌 싱크대를 위해 상판을 올려보자.

• 재료 1 - 조리대 혹은 상판

안녕하세요. 저는 스웨덴에서 온 에크바켄이라고
합니다.
2.4m의 육중한 조리대이고, 무겁지만 튼튼하고
예쁩니다.

• 재료 2 - 싱크볼과 그 부속들

안녕하세요. 저는 싱크볼이라고 하는데 가로 길이
가 74cm 정도로 길쭉한 편입니다.
구입할 때 '타공해주세요!'라고 신청하면 양쪽 귀
퉁이에 구멍을 빵! 뚫어주는데 이곳에 수전(수도
꼭지) 넣고, 다른 한쪽에는 세제통이나 필터 정수
기를 넣을 수도 있습니다.

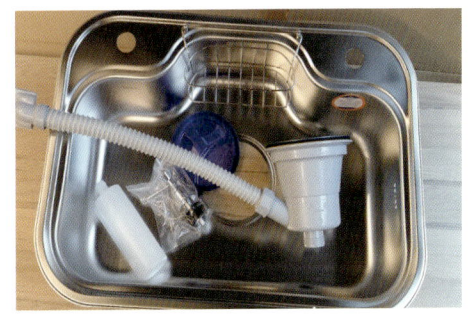

• 재료 3 - 수전

안녕하세요. 저는 크롬으로 도금되어 늘 반짝거리
고 튼튼한 수전입니다.
이리저리 쭉쭉 늘어나서 대한민국 주부님들의 사
랑을 독차지하는 코브라에 비해 조금 불편하지만
대신 감성비와 가성비는 훨씬 뛰어나답니다.

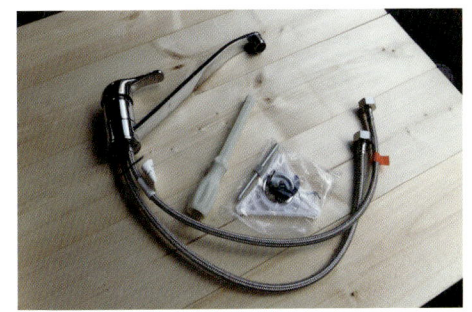

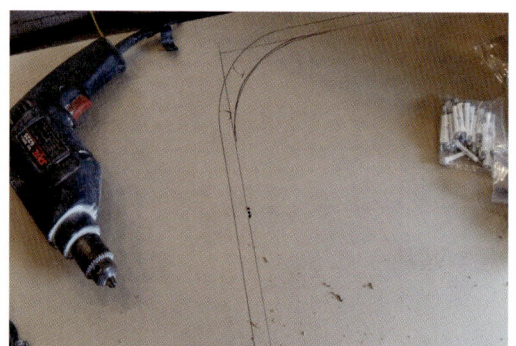

상판 고를 때는 육체적으로 많이 소진된 탓에 너무 힘들기도 했고, 원목을 직접 사서 멀바우 컬러로 칠해보겠다는 야심 찬 계획을 접었던 터라 의기소침해져 상판 색상도 제대로 못 보고 주워왔는데 돌아와 펼쳐보니 정말 예쁜 아이로 잘 골라와 다시 분위기 상승세를 타기 시작했다.

우선 싱크대 상판을 올리기 위해 밑준비를 한다.
싱크대 상판을 뒤집어서 잘 고정하고 그 위에 싱크볼을 뒤집어 올려놓은 뒤 펜으로 싱크볼의 테두리 선을 그어준다. 그리고 그 선보다 대략 1.5~2cm 정도 안쪽으로 다시 선을 그으면 스케치 완성!
최종선을 따라 쉽게 말해 '톱질'을 해줘서 상판에 구멍을 내고 그 구멍에 싱크볼을 끼워서 고정하는 식으로 진행이 된다.

우선 전동드릴을 사용해서 구멍을 2~3개 이어 시작점을 만들어 준다. 그 후 전기 직쏘(작은 톱날이 달린 전동 톱)로 선을 따라 잘라내면 된다. 직쏘는 을지로에서 5천 원을 주고 1일 대여를 받아왔다.

위이이이이이이이이잉~ 하고 천천히 직쏘를 이동시키며 절단하고 나면 딸깍! 하고 잘라진다.

어려운 작업은 아니지만 생각보다 소리가 커서 무섭고 싹둑싹둑 잘라지는 게 아니라 아주 느리게 이동하며 천천히 잘라지고 진동도 커서 쉽지 않은 작업이었다.

직쏘에 붙은 작은 톱날이 빠른 속도로 상하 움직이며 자르는 작업이다 보니 먼지도 많이 나왔다.

싱크볼 들어갈 구멍이 완성된 상판을 벽돌 다이 위에 올리고 고정을 한다. ㄱ자 모양 연결쇠와 못을 철물점에서 구해와 상판과 벽, 혹은 상판과 벽돌 다이 사이에 실리콘으로 살짝 고정시킨 후 드릴로 못을 박아주면 단단하게 고정이 된다. 예전엔 이런 작업도 큰일이었는데, 42프로젝트 셀프 인테리어 작업 중반부에 들어서니 이쯤은 눈을 살짝 감고도 가능하게 되었다. 아랫부분의 고전적인 파란 수도관과 수도꼭지는 수전과 연결해 싱크대로 물이 나올 수 있게 할 예정이다. 이 부분만큼은 셀프가 아닌 전문가의 손을 빌리기로 해서 수전은 기본 세팅만 해두기로 했다.

KNOW - HOW

이케*2층 알뜰 코너를 노려라!

조리대(싱크대 상판)를 구입하고 난 뒤 알게 된 사실인데, 이케*2층(계산대가 있는 층) 안쪽에 알뜰 코너라는 곳이 있다. 매장에 디스플레이 했던 제품이나 반품된 제품, 살짝 흠이 났지만 사용하는 데는 무리가 없는 제품들을 할인해서 판매하고 있다.

조리대 같은 경우는 애초에 단단하게 나온 재질이라 흠이 잘 나지 않기도 하고, 나도 티가 나지 않는데 이곳에서 같은 제품을 거의 반값에 판매하고 있었다. 흠집에 민감한 사람이 아니라면 이곳에서 조리대를 구입하는 것도 예산을 절약할 수 있는 좋은 방법이다.

잘 고정시킨 상판 위에 싱크볼이 들어갈 구멍 테두리에 투명 실리콘을 살짝 둘러준다. 그리고 싱크볼을 끼우고 다시 테두리에 실리콘(이번엔 넉넉하게)을 둘러 마감한다. 상판과 벽사이의 모서리에도 실리콘을 쭉 짜준다. 1~2시간 정도 기다리면 실리콘이 잘 굳는다. 그 뒤에 동봉된 설명서들을 보면서 하수구 부속들을 잘 조립(매우 쉽다!)해 끼워주면 완성!

드디어 완성!

와.. 이게 정말 내 손으로 만든 싱크대가 맞는지 의심이 들 정도로 멋있었다. 이렇게 저렇게 많은 고민을 하며 준비했지만, 경험이 있었던 것도 아니고 미적 감각이 특출난 사람도 아니었기에 큰 기대를 하지 않았는데 예상했던 것보다 훨씬 멋진 결과물이 나왔다.

싱크대 견적이 너무 비싸서 포기하고 단돈 20만 원으로 만든 폼나는 벽돌 싱크대!

내가 자식을 안 낳아봐서 모르겠지만 내 자식이 예쁘다는 부모 마음이 이
런 마음이 아닐까 싶다.

이제 반대쪽 조리대, 아일랜드 테이블만 조립하면 주방이 모두 완성된다.

정산

PART 2 중심 세우기
#12. 싱크대 - 상판과 싱크볼, 수전

- 백* 싱크볼(양쪽 타공 무료) 61,300원
- 세제통 추가 구입 10,000원
- 이케* 싱크대 상판 에크바켄 EKBACKEN 80,000원
- 실리콘 2,000원
- 직소 대여(을지로) 5,000원
- ㄱ자 연결쇠 & 못 3,000원
- 이케* 수전 라간 30,000원

= 계 191,300원

누적 1,475,800원

#13. 벽돌 아일랜드 - 수납장과 상판으로 만든 아일랜드 조리대

꼭 한번 갖고 싶었던 주방의 로망, 그것은 바로 아일랜드 조리대.
아일랜드용 가구를 따로 구입해 설치하는 게 아니고 보통의 싱크대
하부장을 조립하고 그 주위를 벽돌로 둘러 아일랜드 형태로 만드는
것을 목표로 했다.

싱크대 설치를 위해 사왔던 여러 개의 하부장들은 앞서 벽돌 싱크대
에서 밝혔다시피 높이가 맞지 않아 부득이하게 환불하고 벽돌을 쌓
아 그 기능을 대체했고, 아일랜드 조리대를 설치하기 위해 사이즈를
측정하고 2개만 남겨두었다.

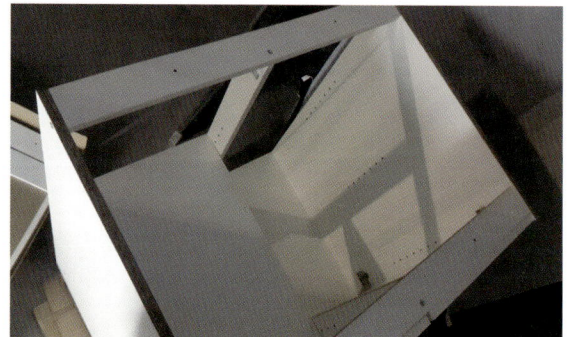

이케* 주방제품 코너에서 가장 저렴한 라인인 퓐디그 시리즈는 개당 5~7만 원 정도로 구성되어 금전적 부담이 덜하다. 대신 25년 품질 보증에서 유일하게 제외되어있지만 품질 보증이 필요하지 않을 정도로 내구성이 좋고 저렴해서 만족스러웠다.

보기에는 합판 몇 장이 들어 있어 가뿐해 보이지만 한 세트가 20~30kg에 달해 나르는데 애를 먹었다. 한편으로 묵직한 맛이 안정적으로 느껴지기도 했다.

함께 동봉된 설명서를 보며 순서대로 맞추고 볼트를 조이면 굉장히 손쉽게 조립할 수 있다. 이래저래 전체 작업의 중반부에 이르면서 육체적, 정신적으로 많이 피로한 시기였는데 간편하고 재미있게 놀이하듯 조립하다 보니 오히려 리프레시가 될 정도였다.

여러 번의 고비가 있었지만, 특히 가격을 알아보며 가장 큰 좌절을 했던 부분이 바로 주방 싱크대였다. 2m 길이를 기준으로 했을 때 최신 유행은 기대도 못 하고 최소한의 구성만 넣어도 60~70만 원이 훌쩍 넘는 가격에 나만의 주방은 포기해야 하는 것인가 할 정도로 낙담했지만, 저렴한 수납장과 벽돌 등 다양한 소재들을 골고루 섞어 사용하면서 저렴하지만 예쁘고 특이한 나만의 주방을 만들어갈 수 있었다.

짠! 수납형 하부장 1세트 기본 조립 완성. 가로길이가 80cm, 세로(깊이)가 60cm, 높이가 86cm, 무게는 30kg. 무거워서 쓰러질 염려는 없겠구나 싶은 듬직함은 옵션! 아... 쌀 20kg 한 포대쯤은 가뿐히 드는 여자라는 걸 늘 자랑스럽게 여겼지만 하부장 세트를 나를 때는 진짜 너무 힘들었다. 이럴 때는 은근슬쩍 남자들의 힘이 부럽기도 하다.

내부에 선반이 있고 문이 달린 하부장과 오픈형 하부장 두 개를 함께 조립했다.
오픈장은 원래 전자레인지 등을 두고 사용하는 공간으로 문과 수납 공간이 따로 없는 타입이다. 때문에 수납장 타입보다 가벼워(20kg 정도) 운반과 조립이 상대적으로 수월했다. 전자레인지는 다른 곳에 둘 예정이었기 때문에 이곳에는 철망 정리함을 넣어 오픈 수납장으로 사용하기로 했다. 이 하부장들은 그냥 예쁘게 배치하기만 하면 끝이 아니라, 냉장고와 함께 하부장 외부를 벽돌로 쌓고 고정해 아일랜드 조리대를 만들 계획이었다. 때문에 적절한 위치를 잡고 바닥에 표시를 해두었다.

하부장 위에 상판을 올리고 적절한 길이를 잰 뒤 표시하여 직쏘를 사용하여 절단하는 작업을 한다. 이전 싱크대 편에서는 싱크볼을 넣기 위해 구멍을 뚫어내는 재단이었다면, 이번에는 선을 따라 일직선으로 잘라내면 되니 오히려 더 간편한 작업이다.

2.4m 상판을 사와 직쏘 재단 작업을 했는데, 사실 1.8m짜리 상판도 판매하고 있기에 그것을 사왔으면 일손도 덜고 비용도(2만 원 정도) 줄일 수 있었을 것이다. 살짝 후회해보지만 이미 늦었기에 깨끗이 포기하고 열심히 작업에 집중한다.

다시 등장한 직쏘! 이번에는 일직선으로 잘라낸다.

커다란 직쏘의 '위이이이잉' 소리가 이젠 꽤 익숙해져 안정적으로 들리지만 뿜어나오는 먼지는 여전히 쉽지 않다. 다시 직쏘를 쓸 일이 생긴다면 일회용 마스크를 반드시 준비해야지 생각하며 숨을 참아본다.

연신 위아래로 움직이는 작은 칼날이 상판을 잘라낼 수 있도록 내 무게를 팔에 싣고 지그시 누르며 직쏘를 밀어내야 하기 때문에 힘이 많이 들어간다. 당연히 상판이 쉽게 움직일 수도 있으니 가능하다면 파트너가 옆에서 상판을 잘 잡고 고정해주는 게 안전하다. 이날은 친구들에게 부탁해서 총 2명이 합세하여 붙잡아준 덕에 훨씬 수월하게 마무리했다.

이제 이 정도 직쏘 재단쯤은 겁내지 않고 할 수 있다는 자신감까지 얻고 절단 완료!
절단면을 깔끔하게 마감할 수 있게 상판의 표면과 같은 무늬의 시트지가 포함되어있다. 접착제를 절단면에 잘 바른 뒤 고정하고 끝부분을 가위로 잘라내면 완벽한 마무리!

바깥쪽에서 본 하부장은 뒷부분이 뚫려있어 조금 쓸쓸해 보이지만 곧 벽돌로 벽을 쌓아 주면 완벽한 아일랜드 조리대로 변신한다!

냉장고와 두 개의 하부장의 위치를 잡고 바닥에 끝부분을 표시한 후 그 선을 따라 몰탈을 바르고 벽돌을 하나하나 쌓아 올린다. 이제부터 본격적인 벽돌 작업이 시작된다.
균일하게 몰탈을 펴 바르고 한 장 한 장 벽돌이 틀어지지 않게 잘 올리고 망치로 톡톡 두드리며 수평계로 수평을 확인하며 천천히 쌓아 올린다.

만리장성 쌓듯 쌓아보자 벽돌!

KNOW - HOW

적당한 사이즈를 미리 생각해두면 일손을 덜 수 있다.

조리대(상판)는 생각보다 여러 종류의 사이즈가 있다. 물론 작은 것을 사서 짧다면 더 큰 문제가 되겠지만, 내가 필요한 길이를 미리 예측해 조리대를 구입한다면 비용도 절약하고 절단을 하지 않아도 되면 일손까지 덜 수 있으니 구입하기 전에 최대한 내게 필요한 실제 사이즈에 대해 고민해보는 것이 좋다.

시멘트 몰탈을 무겁게 섞어 한 장 한 장 균일한 두께로 발라 올려 망치로 통통 단단하게 고정하고 수평계로 수평을 맞추는 작업을 약 200번 해야 하는 길고도 힘든 작업.

더군다나 이날은 오래 전에 약속되었던 가족 여행으로 제주도에 가 있던 시점이라 42프로젝트의 가장 큰 후원자였던 지인이 하루를 오롯이 고생해주셨다. 감사할 마음을 어찌 다 표현할까…(정말 감사해요. 항상 기억하고 있답니다!)

아직 끝이 아니다!

벽돌에서 부슬부슬 떨어져 나오는 가루들을 정리하고 방수 효과를 위해 투명 에폭시를 한 번 바른다. 바닥 작업 때 사용했던 에폭시 상도 세트를 1개 더 구입하여 이번엔 바닥이 아닌 벽돌 벽에 바르기 시전 한다. 이제 에폭시쯤은 눈 감고 뒤뒤 섞어서 휙휙 바른다. 점점 전문가가 되는 느낌. 평평한 면이 아니다 보니 잘 안 발리지만 되는대로 요철 부분은 붓을 세워서 바르고 평면은 두세번 덧칠하다 보면 빠짐 없이 발린다. 다 바르고 나면 하루 정도 말린 뒤 한번 더 바르고 최종 완성! 투명 에폭시를 바르고 나니 색이 한결 톤 다운되고 약간 반짝 거리면서 정말 예쁘게 되었다.

KNOW - HOW

다양한 소재를 적극적으로 활용해 보자.

셀프 인테리어가 보편화되면서 다양한 사이트와 정보가 많이 있고, 관련된 재료를 파는 곳도 많아졌다. 주방은 당연히 하부장에 조리대를 얹어야 한다는 생각보다는 하부장을 대신할 수 있는 다양한 소재를 찾아보고 사용해본다면 세상에 하나뿐인 나만의 주방을 가질 수 있으니 조금 더 상상의 나래를 펼쳐보자.

하부장과 상판은 미리 사이즈를 측정하고 쌓은 벽돌이기 때문에 맞춘 것처럼 벽돌벽 사이로 쏙 잘 들어간다. 상판과 하부장을 ㄱ자 연결고리로 잘 고정하면 이 세상에 하나뿐인 나만의 벽돌 아일랜드 조리대가 완성되었다.

인터넷으로 구입한 42 프로젝트 원목 글씨를 살짝 올려놓고, 지인에게 얻은 안 쓰는 포스기 스타일 컴퓨터를 올려놓고 나니 마치 아지트 그 이상의 장소가 탄생한 것 같아 가슴이 두근거린다.
누가 만들었는지 정말 멋지구나!!!

정산

PART 2 중심 세우기

#13. 벽돌 아일랜드 - 수납장과 상판으로 만든 아일랜드 조리대

- 이케* 싱크대 상판 에크바켄 EKBACKEN 80,000원

- 이케* 싱크대 하부수납장+도어 퓐디그 FYNDIG 70,000원

- 이케* 싱크대 하부오픈장 퓐디그 FYNDIG 50,000원

= 계 200,000원

누적 1,675,800원

#14. 문 - 강화 유리문 흰지와 키박스 교체

이번 내용은 셀프 인테리어가 아니지만, 셀프로 정보 검색뿐만 아니라 셀프로 업자 분을 찾아왔기 때문에 셀프 인테리어라고 우겨보는 유리 강화도어 수리 이야기다.

처음 임대 계약 완료하고 바로 대청소를 하고 난 후, 무언가 있어야 할 곳에 그 무언가가 없다.
그것은 바로 문! 문 어디 있니…

불행인지 다행인지 그래도 문이 아예 없지는 않았다.
처음엔 인테리어고 수리고 하나도 모르는 상태였기 때문에 해맑게 웃으며 문 갖다 버리고 그냥 오픈형 샤시를 다네 마네 했었다. 그 '문'이 얼만지 알았더라면 저리 생각도 못 했을 것이다.

인터넷 부동산에서 보고 한걸음에 달려가게 했던 가장 큰 이유는 저렴한 임대료와 한강과 역과 가까운(나름 역세권) 위치였는데 이렇게 좋은 조건에도 임차인을 찾지 못했던 사연은 아마 상상을 초월한 더러움과 함께 저 분리된 문 때문이었을 것이라고 추측된다.
나보다 2시간 먼저 보고 갔던 다른 임차인이 저 문만 고쳐주면 바로 들어오겠다고 요청하고 있었는데 이래저래 집수리에 신경 쓰고 싶지 않았던 집주인분이 난감해 했고, 그 사이에 내가 날름 계약 한 것이 바로 비하인드 스토리.

후… 그때의 나는 문 수리가 이렇게 비쌀 줄 몰랐다. 그래서 몰래 속으로 생각하길, 내 임차 기간이 끝나면 저 문을 떼어놓고 원상복귀 시킨 후 힌지를 떼서 가져가리라 되뇌고 있다.

힌지? 아 그러고 보니 힌지라는 것을 이번에 처음 알게 되었다.
해맑게 인터넷 검색창에서 '유리문 수리' 검색으로 시작했던 과거의 나는 곧 유리 강화문이라는 존재를 알았고, 그 문의 무게가 엄청 무거워서 힘센 게 자랑인 나조차도 혼자서는 들 수 없다는 것도 알았다. 게다가 심지(?)라고 알았던, 문을 여닫게 해주는 장치 '힌지'의 존재를 처음 알게 되었다.
힌지 교체에만 12만 원이라는 사실에 '와~ 진짜 참신한 가격인데???'라고 놀랐다. 거기에 하단 프레임이 휘어서 교체에 5만 원, 상단 프레임에 달려있는 열쇠... 당연히 고장 상태이므로 키박스 통째로 교체에 3만 원. 도합 20만 원이라는 엄청난 견적이 떨어졌다.

이리저리 백방으로 5개 업체를 알아봤지만, 가격은 다 비슷했다. 문이 2개인데 다 고치면 돈 40이 훌쩍 날아가는 상황이라 1개만 고치는 것으로 계획을 전면 수정하고 동네 문 수리 사장님을 초빙했다.

순수 원 헌드레드 퍼센트 셀프 인테리어!!!를 외치던 42 프로젝트에서 딱 세 번 외부 전문인력을 초빙했는데 그중 하나가 바로 이 강화도어 수리 사장님이셨다.

도착하시자마자 눈으로 쓱 스캔을 뜨시고는 바로 흰지 부분을 파내시며 작업을 시작하셨다.

볼 것도 없이 완벽하게 썩어있는 상태.

심지어 저기서 꼽등이 한 마리까지 펄쩍 뛰어 나왔으니 말 다했다.

하, 공포스러운 부분!

크고 무거운 유리 강화 도어를 지탱하면서 중심축의 역할을 하는 흰지로 인해 문을 여닫을 수가 있다. 중국산은 5~6만 원이지만 금방 고장 나기 때문에 보통은 국산을 설치한다고 한다.

저 문에도 과학이 숨어있을 줄이야. 한참 동안 줄자로 높이와 수평을 계산하고 세심하게 흙을 넣어 균형을 맞춰가며 흰지를 삽입한다.

반갑다 흰지야, 웬만한 내 가방보다 비싸구나!

그곳에서 잘 버텨줘. 임차 계약 끝나고 내가 이 방을 뺄 날이 오면 너도 같이 나가야 한단다. (농담 아님)

흰지 위에 스텐 커버 부착 완료, 그리고 나서 나중에 시멘트 몰탈 남은 것으로 바닥과 사이의 빈 공간을 메워 주었다.

마음 같아서야 상단 프레임도 돈 5만 원 내고 갈고 싶었지만, 한 푼이라도 아껴야 하는 상황이어서 키박스만 갈았다. 키 2개가 포함되어 있는데, 혹시 몰라 2개 더 복사해 여분으로 보관해두었다. 비상 상황을 위해 한 개는 주인 분께 드려야 하는데 쉽게 주지 못하고 있다. 뭔가 나만의 보물 같아 다른 사람에게 주기 싫은 게 솔직한 심정이었다. 내 껀데.. 내 꺼야… 마이 프레셔스…

강화 유리문 수리 완료!
전체적으로 셀프 인테리어를 하면서 느끼는 건데, (일반화의 오류가 있을 수도 있다!) 친절한 전문가 분들은 주로 엄청 비싼 견적을 부르셨고 동네에서 공사하시는, 전문가 보다는 '아저씨' 라는 단어가 더 어울리는 사장님들은 매우 츤츤거리시지만 상대적으로 저렴한 견적을 부르셨다. 문 수리 사장님도 어찌나 나한테 퉁명스러우신지 지금 젊은 여자라고 나 무시하시나.. 나 힘 센데.. 이러면서 속으로 툴툴대며 서운했지만, 겉모습과는 다르게 세심한 부분까지 챙겨주시는 모습에 감동받았다. 감사하게도 저 왼쪽에 돈 없어 수리를 포기한 문도 한참을 손봐주셔서 적어도 열리고 닫히게는 해주시고 가셨다. 사장님 감사합니다!

이제 셔터 안 내리고 문만 잠그고 다녀도 된다는 사실에 매우 신이 난다.

정산

PART 2 중심 세우기
#14. 문 - 강화 유리문 흰지와 키박스 교체

- 흰지 교체(국산) 120,000원
- 키박스 설치(열쇠 2개 포함) 30,000원
- 하단 프레임 교체 50,000원
- 열쇠 복사(2개) 6,000원

= 계 206,000원

누적 1,881,800원

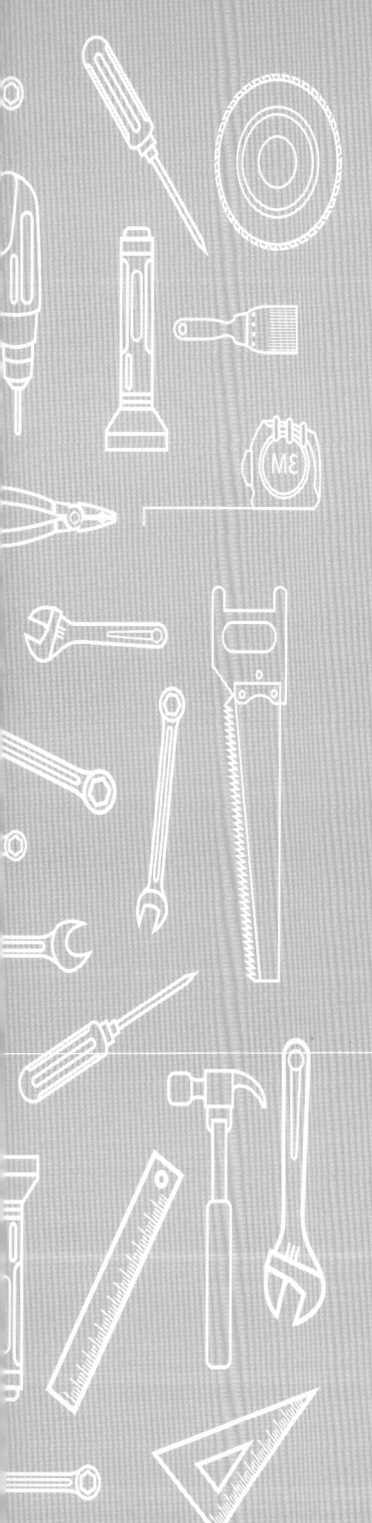

PART

03

전체 채우기

#15. 가구 - DIY 원목 테이블 조립

이제까지의 과정들이 공간에 대한 기초를 다지고 뼈대를 세우는 과정이었다면 지금부터는 세밀한 부분을 채워가는 순서라고 표현하고 싶다.

어떤 공간에서든 가장 기본이 되는 가구는 아마 테이블과 의자일 것이다. 잡지에 나오는 것처럼 예쁘고 화사한 가구들을 들여놓겠다고 야심 차게 인터넷 가구 시장을 폭풍처럼 헤맸지만 예쁜 아이는 비싸다는 공식은 여기서도 존재하기에 빠르게 좌절했다. 그래도 살아날 구멍은 있다고 집안 한구석에 3년 동안 처박혀 먼지가 뽀얗게 쌓인 박스를 하나 발견했다. 그 박스는 바로 DIY 원목 테이블 세트!

이 원목 테이블로 말할 것 같으면 대략 3년 전쯤 저렴하게 구입할 수 있는 기회가 있어 혹시라도 내가 독립 혹은 결혼을 하게 되면 쓰겠다고 사서 보관해둔 아이가 되겠다.

그게 1년이 지나고 2년이 지나 원목이 슬슬 뒤틀어질 때 쯤이 돼서야 42프로젝트를 위해 세상의 빛을 보게 된 원목들.

짠!

봉인 해제된 원목 테이블의 사이즈는 120*70*76cm

원래 원목은 처음에 수분을 머금고 있어서 시간이 지나면 수분을 더 먹거나 뱉어서(말라서) 모양이나 색이 변한다고 한다. 실제로 상판들이 조금씩 휘어 있어 조립할 때 쉽지 않았다.

요새(가 아니라 아주 예전부터일 수도⋯)는 DIY 형태로 원목이 다 재단되어 있고 피스(못)를 박는 부분도 구멍이 뚫리고 홈이 파여있어 수월하게 조립할 수 있는 상품들이 많다.

DIY 키트에는 설명서가 동봉되어있다. 그대로 보고 따라 하면 어렵지 않게 조립할 수 있다. 설명서대로 우선 상판 프레임 틀을 먼저 조립한다. 원목 판끼리 닿는 곳에는 목공본드를 살짝 발라준 후 두 원목판을 붙여 단단히 고정한 다음 피스를 조이면 된다. 피스가 들어가야 하는 부분에 구멍이 있기 때문에 그대로 피스를 꽂아놓고 나의 사랑 보* 미니 핸드드릴로 드리리리릭 하고 박으면 끝!

나무가 수축해서 조금 틀어진 탓에 아다리가 맞지 않아 쉽지 않았지만 이럴 때 쓰라고 내가 힘이 세지 뭐야. 힘을 줘서 피스를 좀 더 단단히 조이면 어느 정도 잘 맞아떨어진다.

그 다음에는 상판 원목들을 바닥에 가지런히 이어 놓은 후 그 위에 조
립한 상판 프레임을 올린다.
상판 프레임 안쪽으로 얇은 홈이 길게 패여 있어 그곳에 Z자 꺾쇠를
끼어 상판과 프레임을 연결한 뒤 피스를 조여 고정한다.

씩씩한 나, 혼자서도 잘해요.
블로그에 글을 올리면서 가장 많이 들었던 말이 '여자분이 대단해요'였다.
물론 내 힘으로 되지 않아 전문가나 지인의 힘을 빌리기도 했지만 웬만
한 일들은 여자여도 충분히 할 수 있었기에 겁내지 말고 일단 해보시라
고 늘 답변을 드렸다. 단 나처럼 밥을 많이 먹고 힘이 세야 하는 건 옵션!

완성된 상판의 네 귀퉁이에 다리를 댄 후 이번엔 ㄱ자 꺾쇠와 피스로 고정하면 간단한 DIY 원목 테이블 만들기가 완성된다. 생각보다 쉽고 재밌어서 시간 가는지 모르고 만들었다. 게다가 완성품이 기대 이상으로 예뻐서 만족감이 두 배!

원목 테이블의 마무리는 바니쉬라는 코팅제를 바르는 작업으로, 원목 위에 얇게 투명 코팅제를 발라 변색을 방지하고 생활 때가 묻어도 쉽게 닦아낼 수 있게 해주는 과정이다. 다른 재료를 구입하기 위해 방문했던 이케*에서 바니쉬와 유사한 코팅제를 발견해 도전 정신으로 구입해보았다. 손바닥보다 조금 큰 통이었는데 내용물은 우유색이었고 바르면 무색이 되며, 양이 적어 보였지만 꽤 많이 바를 수 있었다. 테이블 2개에 두 번씩 칠하고 조그만 원목 의자 3개에도 발랐으니 만족스러운 가성비! 테이블 완성 후 식사를 하다 김치를 흘렸는데도 쓱쓱 닦으니 깨끗해져 코팅제로서의 역할도 완벽했다.

조립 완료 후 배치!

예산 부족으로 인해 집안에 방치돼있던 DIY 원목 테이블이 진가를 발휘하는 순간이다.

아무래도 판매되고 있는 가구들에 비해서 완성도가 떨어지긴 하지만 공간 전체가 셀프 인테리어다 보니 이런 어리숙함도 잘 어울리는 것 같아 만족스러웠다.

KNOW - HOW

코팅제는 조립하기 전 한 번, 조립하고 나서 한 번 더!

원목은 자연스러운 컬러와 촉감이 장점인 반면 쉽게 습기를 머금거나 뱉고, 쉽게 이염되는 단점이 있다. 특히 테이블 같은 경우는 위에서 식사나 티타임 등을 즐기다 다양한 음식물을 떨어뜨릴 수도 있기 때문에 코팅을 꼼꼼히 하는 게 좋다. 완성된 가구에 코팅하는 것은 당연하지만 조립하기 전 낱개의 원목들에 미리 코팅제를 한 번 발라두면 조립 후 바를 수 없는 면에도 미리 코팅을 해놓게 되어 조금 더 완벽한 마감을 할 수가 있다. 가구를 오래오래 예쁘게 쓰고 싶다면 조금 귀찮아도 꼭 고려해야 할 부분이다.

정산

PART 3 전체 채우기
#15. 가구 - DIY 원목 테이블 조립

- DIY 원목 테이블 세트 76,720원*2개=153,440원
- 이케* 코팅제 7,900원
- 붓 1,000원

= 계 162,340원

누적 2,044,140원

#16. 가구 - 스웨덴 감성 더하기(의자&가구류)

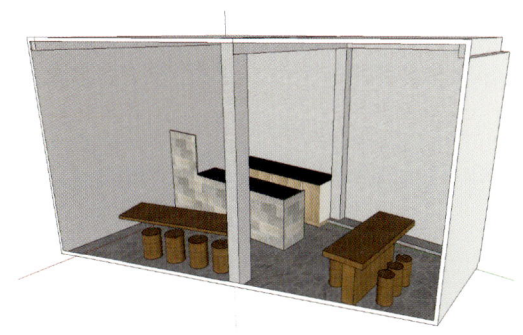

처음 준비할 때 예상했던 구조.

테이블이 마련됐으니 이제는 의자를 준비할 차례가 됐다.

평소 카페에 갈 때 어떤 의자가 있는지 신경 쓰지 않고 무심하게 지나쳤지만, 의자 하나로 전체적인 분위기 차이가 크게 난다는 것을 깨닫게 되었다. 그리고 그렇게 분위기를 살게 해주는 의자는 역시 몸값이 비싸다는 것! 게다가 의자는 1~2개로 해결되는 것이 아니고 최소한 4~8개는 있어야 하기에 그만큼 예산이 또 올라갔다.

아무 생각 없이 3~4천 원짜리 아메리카노를 사서 마시며 '뭔 커피가 이렇게 비싸'라고 했던 과거의 내가 수많은 카페들에게 사과한다.(죄송합니다!) 커피값에 원두랑 물만 있는 게 아니라는 것 또한 깨닫게 되는 시간이었다.

셀프 인테리어를 할 때 예산이 부족하다면? 해답은 하나, 가성비와 스웨덴 감성을 모두 갖춘 이케*로 달려간다.

#1. 암체어 펠로&포엥

이케*의 암체어는 편안하고 튼튼하기로 유명한데, 거기에 가격대별로 다양한 버전이 준비되어 있어 주머니 사정에 따라 고를 수 있다는 장점이 있다.

일단 인테리어 측면으로는 매우 많이 아쉽지만 가성비와 편안함 두 가지만 고려하여 가장 저렴한 버전을 하나 구입했고, 42프로젝트 오픈을 응원해준 지인 분이 감사하게도 암체어 중 꽤 좋은 버전을 하나 선물로 주셨다.

암체어들의 패키지는 정말로 가볍다. 20~30kg 싱크대 하부장을 끙끙대며 들고 다니다가 암체어를 들었더니 가뿐하게 휙 들려서 깃털 같이 느껴지더라. 42프로젝트가 끝날 쯤엔 쌀 한 포대는 한 손으로 들고 어깨에 지고 다니는 언니가 될 수 있을지도 모르겠다.

패키지를 오픈하면 암체어 뼈대와 옛날 아기 포대기 같은 시트가 들어있다. 조립은 상당히 간단해서 설명서대로 하면 10분이면 끝난다.

조심할 것은 다 조립하고 시트를 끼우는 게 아니고 시트를 끼우고 조립을 해야 한다는 점이다. 안 그러면 나처럼 조립 후 바로 해체 순서를 밟게 된다.

완성된 모습. 엄청 허술해 보이지만 이것처럼 편안한 의자도 없다. 앉아있으면 잠이 솔솔 와서 42프로젝트에 놀러 온 손님들은 이 의자를 다 하나씩 구입했다는 후문.

#2. 2인용 소파 크노파르프
이케* 쇼룸에 들어가면 초입 부분에서 굉장히 저렴한 가격표로 사람들의 이목을 집중시키는 2인용 소파이다. 89,000원이라는 엄청난 가성비가 최강점인 이 제품은 암체어 저렴이 버전과 마찬가지로 아주 예쁘진 않지만 지금 내가 가진 돈으로는 최선의 선택이었다.

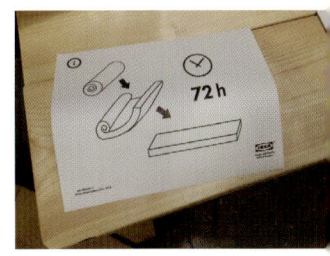

시트를 펼쳐서 72시간 두세요.

한글이 한 글자도 없는데 어딘가에 쓰여 있는 것만 같은 기분이 드는 설명서가 같이 들어있다.

나는 72시간이 없어서 그냥 30분 펼쳐놨는데 큰 문제는 없었다. 역시 빨리 빨리의 핏줄을 속일 수 없는 성질 급한 한국인은 바로 나.

프레임을 잘 조립하고 부직포 같은 까만색 천을 팽팽하게 당겨서 씌운다 조립 과정이 어렵지는 않은데 저 천을 끼우는 부분이 혼자서는 하기 어려워 누군가는 꼭 잡아줘야만 가능했다. 팽팽하게 당겨진 천이 엉덩이와 등 받침대 역할을 부드럽게 하고 그 위에 회색 천을 씌우면 10분 만에 2인용 소파가 완성된다.

  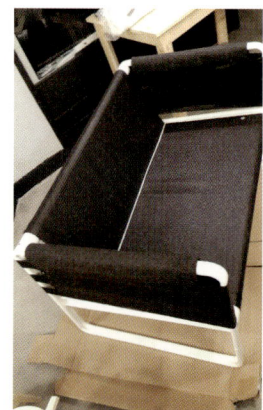

#3. 보조테이블 라크

이케* 모바일앱을 보다 보면 가격표가 노란색으로 표시된 상품이 있는데 이게 바로 엄청난 가성비를 자랑하며 사람들을 열심히 낚는 미끼상품이 되겠다. 이 티 테이블도 대표적으로 가성비가 좋은 상품 중 하나. 대다수의 사람들이 저렴한 가격에 홀려 좌식 테이블로 써볼까 하고 샀다가 테이블에 턱을 받치고 밥을 먹게 된다는 마성의 테이블이다. 42프로젝트에서는 다행이 티 테이블로 적절하게 활용 중이다.

조립이라고 할 것도 없이 테이블 상판에 다리 4개를 돌려서 끼우면 완성된다.

#4. 캐비닛 이케아 PS

의도치 않게 점점 짐이 늘어나면서 누구나 다 겪는다는 '수납 공간'
부족으로 인해 추가 공간이 간절하게 되었다. 계획에 없었지만 급하
게 추가 구입한 캐비닛.

이 캐비닛으로 말할 것 같으면 조립 사진이 없다. 왜냐면 이미 조립
이 돼 있는 것을 사왔기 때문이다. 이케*에 들어가면 쇼룸인 위층으
로 바로 입장, 구경한 후 아래층으로 내려와 선택한 제품을 카트에 담
고 결제하러 가는 식으로 동선이 짜여있고, 계산대 근처에 알뜰코너
가 있다. (이전 조리대 상판편에서 다룬 적이 있는 내용)

이 알뜰 코너를 알고 난 후부터는 이케* 도착하면 제일 먼저 이곳을
향해 간다.

약간의 상처가 나 있거나 고칠 수 있는 고장, 부품 일부가 분실된 상
품들이 그렇지 않아도 저렴한데 그보다도 더 가격을 낮춰 판매되고

있다. 이 알뜰 코너는 내가 사려는 물건이 없을 확률이 더 높기 때문에 간 김에 의외의 물건을 발견하고 사는 재미로 갔는데 이날은 사려고 마음을 먹고 갔던 캐비닛이 딱 하나 있었으니 이건 마치 '나를 사 주세요!'라고 온몸으로 함성을 지르는 느낌!

근데 아무리 봐도 어디에 흠집이 났는지 알 수 없어서 한참을 보다가 직원에게 물어봤는데 직원도 몰라 갸우뚱했다. 그러다 간신히 찾은 흠집은 내부 선반이 살짝 휘었다는 것이다.

2만 원이나 저렴한 것도 좋았지만 사실 더 좋았던 것은 그동안 42프로젝트를 하며 은근 지쳐버린 내 체력에 '얘는 조립하지 않아도 돼!'라는 사실이 더 기뻤던 것 같다.

본의 아니게 이케＊에서 구입한 의자와 테이블, 캐비닛만으로 구성된
공간이 탄생했다.
캐비닛은 구입 후 무광 블랙 유성페인트로 칠할 생각이었는데 무채색
공간에 의외의 포인트가 되어 그대로 쓰기로 결정했다. 마침 더치커피
기구의 레드 컬러와 적절한 조화까지 이루니 만족감이 두 배 상승!

아주 고급스럽고 초절정의 아름다운 인테리어와 가구는 아니지만,
이만한 가격으로는 최고라고 외치고 싶다. 뭐 어떤가, 셀프 인테리어
의 참 면목은 내가 만족하면 그만이라는 것!

정산

PART 3 전체 채우기
#16. 가구 - 스웨덴 감성 더하기(의자&가구류)

- 이케* 2인용 소파 KNOPPARP 89,000원

- 이케* 암체어 PELLO 39,900원

- 이케* 암체어 POANG 69,000원

- 이케* 국민 수납장 IKEA PS 손상상품 할인 ~~59,900~~ 39,900원

- 이케* 보조테이블 LACK 9,000원

= 계 246,800원

누적 2,290,940원

#17. 가구 - 황학동 가구거리 카페 의자

* 본편의 가구 구입 내용은 시간이 지난 관계로 현재 의자 시세보다 가격이 다소 높게 보일 수 있습니다. 다시 확인해본 바 제가 구입했을 때보다 2~4만 원이 낮아졌지만 전체 예산 공개를 위해 구입 시점의 가격을 그대로 반영함을 밝힙니다.

셀프 인테리어와 다소 어울리지 않을 수 있지만 그냥 넘길 수 없는 좋은 정보 전달을 위한 글, 황학동 가구거리 방문기가 되겠다.

아무리 가성비 좋은 스웨덴 감성이어도 채울 수 없는 1% 감성이 있다. 그것은 바로 한국 스타일 최신 트렌드, 카페 의자!
카페에 가면 있는 가죽인 듯 가죽 아닌 레자 재질로 반짝거리는 의자가 갖고 싶어 인터넷으로 검색하기를 1주일… 분별력을 잃어가고 있을 때쯤, 도저히 안되겠다 싶어 가구로 유명한 황학동 거리를 직접 방문하게 되었다.

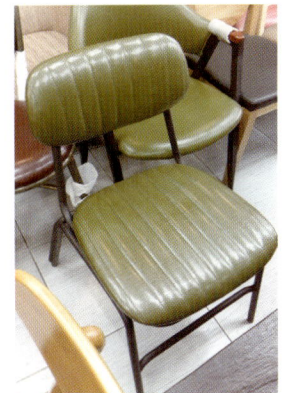

결론부터 말하면 황학동 가구거리는 사랑입니다. 그리고 그중에서도 '우*가구'는 참 사랑입니다. 사장님, 번창하십시오!!!

사장님은 내가 누군지도 모르겠지만 이렇게까지 열정적인 내 마음을 표현하는 이유는 네 번째로 들어간 '우*가구'의, 가장 저렴한 가격도 가격이지만 사장님의 조용하고 점잖고 조곤조곤 설명하는 모습에 반해버렸기 때문이다. 양반은 이럴 때 쓰는 단어임이 분명하다. 시간이 지나 내가 방문했을 때의 사장님이 아직 그대로 있으실지는 미지수이지만 그때 받은 감동은 이 글을 읽는 분들께 꼭 전하고 싶었다.

우*가구에서 구매를 결정하게 만든 정말 최저가 사각 의자 4만 3천 원.

인터넷에서 8만 원 정도 하던 의자가 황학동 가구거리에 가니 5~6만 원대에 판매 중이었다. (단 카드 결제 시 부가세 10% 추가됨)

오~ 신박한데? 하고 혹시 더 싼 곳 있으려나 하고 계속 가게를 찾아 다녔는데, 첫 번째 가게 5만 5천 원, 두 번째 가게 6만 원, 세 번째 가게 5만 원…

그리고 바로 네 번째로 들어간 우*가구에서 4만 3천 원이라는 아름다운 가격을 부르셨다.

아, 이래서 사람들이 발품을 팔라고 하는가 보다…

처음에 눈여겨보던 단추 의자는 3만 원으로 꽤 저렴해서 내 주머니 사정에 적합했지만, 팔걸이가 없다 보니 '완!전!편!함!'의 목표에 거리가 있어 아쉽지만 포기했다.

내가 구매하기로 한 의자는 샘플이 없어서 리플렛에서 보고 결정했다.

팔걸이 부분에 원목을 붙인 것이 1천 원 더 비싼 3만 5천 원이라 괜찮으냐고 물어보셨지만, 그쯤이야 노프로블럼! 쿨하게 주문을 넣었다.

2인 의자!!

사실 이게 이케* 2인용 소파를 구입하고 난 후였는데 이 소파가 더 마음에 들어버렸다. 가격도 9만 원이라 안성맞춤이었지만 어쩔 수 없이 아쉬운 입맛을 다셨다.

디자인 별로 2개씩 선택 완료하고 그 다음 날 다마스 퀵(구매자 부담-2만 원)으로 바로 받았다.

검은색으로 똑같이 두 개 구입한 첫 번째 모델. 이 의자는 구입할 때 등받이 높낮이를 선택하라고 말씀해주셨다. 무슨 차이냐고 물어보니 등받이를 올려 달면 허리를 더 높이 받쳐줘서 편하고 틈 사이 청소하기가 쉽다고 하셔서 최대한 높이 올려달라고 부탁했다.

두 번째 모델은 밤색과 카키색 하나씩 구매했는데, 상황에 따라서는 테이블을 분리해서 의자 두 개를 각각 두면 웬만한 카페 못지않게 (내 눈에) 세련된 공간이 탄생했다.

친구들 7~8명이 우르르 놀러 올 경우 테이블을 길게 붙이고 카페 의자 사이에 간이 의자를 두고 옹기종기 모여 놀면 미드에 나오는 아지트가 부럽지 않았다.

한국 사람이 김치를 먹어야 개운하듯 스웨덴 감성으로는 다 채워지지
않던 42프로젝트가 한국 스타일 카페 의자로 가구 구성에 마침표를 찍
게 되었다. 점점 가슴이 벅차다. 42프로젝트가 완성돼가고 있다.

정산

PART 3 전체 채우기
#17. 가구 - 황학동 가구거리 카페 의자

· 카페 의자 레이 소파 1인 사각 43,000원*2개
· 카페 의자 라운드 목각 팔걸이 1인 35,000원*2개
　* 카드 결제해서 부가세 10% 추가 결제에 잔돈 할인
· 다마스퀵 20,000원

= 계 190,000원

누적 2,480,940원

#18. 가전 - 전기 온수기 설치

이게 과연 꼭 필요할까? 하고 살짝 고민했던 것이 전기 온수기였다.

42프로젝트는 싱크대 작업을 마무리하고 수전(수도꼭지)을 꽂아만
둔 상태를 한동안 유지했었다.

셀프 인테리어를 시작하기 전의 내가 얼마나 무지했냐 하면, 집에서는
뜨거운 물이 그냥 다 나오는 줄 알았다. 글로 쓰기도 부끄럽지만 그냥
수도꼭지를 빨간 쪽으로 돌리면 나오는 거라고 생각했는데, 가만히 더
생각해보니.. 아! 맞다 보일러를 켜야 하는데? 보일러가 없다는 것을
깨닫는데 오랜 시간이 걸리지 않았다.

이리저리 알아보니 전기 온수기 설치에 최소 20만 원이 든다는 것을
알고 나중에 날이 쌀쌀해지면 달자, 지금은 지출을 최소화 해야 한다
고 생각했다.

하지만 8월 초, 한 달이면 널널하게 완성될 줄 알고 시작한 셀프 인테리어 작업이 9월 중순을 훌쩍 넘기도록 계속되자 뭔가 불안한 마음이 엄습했다.

아… 겨울이 와도 완성이 안 될 수도 있겠구나! 그러면 나중 가서 일을 두 번 할 수 있겠다는 생각이 들었다. 게다가 기존의 오래된 수도에서 새로 단 수전을 연결하는 것도 내가 할 수 없는 영역인 것! 그래서 과감하게 전기 온수기를 설치하기로 결심했다.

예산 절약을 위해 빼먹을 수 없는 최저가 검색을 폭풍처럼 해보니 '라* 전기 온수기'가 상당히 저렴(8~10만 원)했는데 알고 보니 얼마 전 부도 처리가 되어 재고 소진 중이라고 했다. 저렴한 가격 때문에 구매했다가 나중에 문제가 생길 경우 수리하기가 쉽지 않게 되면 더 낭패일 수 있어 조금 더 비싸더라도 안심하고 쓸 수 있는 것을 고르기로 했다.

대* 쎌* 전기 온수기 15L 상향식

상향식은 전기 온수기를 아래쪽에 달고 물을 위로 끌어 올려 쓰는 것이고, 하향식은 전기 온수기를 위쪽에 달아 물이 아래로 뿌려지는 방식으로 사용하는 것이다.

15L의 용량이면 사무실이나 소규모 영업장에서 간단한 설거지와 간단한 세면, 손 씻기 정도가 가능한데 '간단한'이 매우 중요하다. 간단하지 않게 씻고 싶다면 30L 이상이 필요하지만 42프로젝트에서는 15L면 넉넉할 것 같았다.

자연스럽게 물이 내려오는 하향식이 잔 고장이 덜하지만 상단에 설치가 불가능하거나 미관상 안으로 넣고 싶을 때 상향식을 사용한다 하여 고민 없이 상향식을 선택하고 싱크대 밑에 쏙 넣었다.

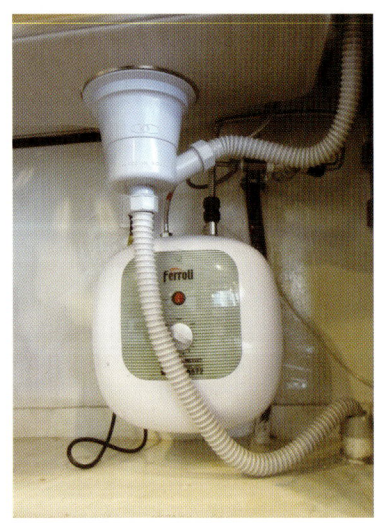

42프로젝트 전 과정 통틀어 딱 세 번 외부 전문가의 손길이 닿았는데, 첫 번째는 입주 청소, 두 번째는 강화 유리 도어 흰지 교체였고 세 번째가 바로 지금, 전기 온수기를 설치하는 순간이었다.

신기한 게 이제 나도 나이를 먹은 지라 온수기를 설치하러 오신 기사님이 나보다도 어려 보이는 청년이었다. 게다가 엄청 까리한 외모와 머리 스타일로 전기 온수기를 설치하는데 젊은 청년이 전문적인 기술을 가지고 일을 한다는 것이 너무 멋있어 보이고 한없이 부러웠다.
그래, 이젠 기술이 대세다! 나도 이제 기술 배우러 다녀야지 하고 넋을 잃고 보고 있는데 청년 기술자님이 갑자기 질문을 했다.

"여기 뭐 하는 곳이에요?"
"음… 그냥 놀고먹는 곳?"
"아~ 놀이터구먼? 짱 재밌겠네요!"

오며 가며 궁금증에 들러보시는 동네 어르신들께도 똑같이 설명해 드렸을 때 아무도 이해 못 하셨는데 청년 기술자님은 한방에 이해했다. 오히려 어르신들은 이 인적 드문 곳에서 어떻게 장사 할 거냐고 엄청 혀를 차고 가셨다지…

벽에 구멍을 내고, 앙카와 못을 박고 철판까지 달아서 전기 온수기를 고정했다. 전기 온수기는 인터넷에서 12만 5천 원에 구입했는데 현금으로 결제하면 감압밸브(약 2만 원 정도)를 공짜로 넣어줬다. 감압밸브는 전기 온수기 안으로 들어가는 물의 수압을 일정하게 유지하도록 도와주는 부속품인데 같이 설치하지 않으면 금방 고장 난다고 한다. (그렇게 필수품이면 애초에 세트로 구성해야 하는 게 아닌가?!!!)

이렇게 전기 온수기 설치 완료!

전기 온수기를 설치하면서 자동으로 기존 수도에서 새로 단 수도꼭지까지 연결해주셨다. 전문가를 초빙한 나의 궁극적 목표까지 해결하니 마음이 시원~
설치 과정 중에 생각보다 여러 가지 부속들이 필요했는데 다행히 설치비 8만 원에 모두 포함되어 있었다. 의외로 설치비에 부속품 비용까지 따로 받는 곳들이 꽤 있어 유심히 잘 찾아보고 구입하는 게 좋을 것 같다.

짠! 전기 온수기에 불 들어왔다! 뜨거운 물이 콸콸 잘 나온다.
전기 온수기 설치할 때만 해도 날이 따뜻해서 쓸 일이 없었지만, 원래 시간 가고 계절 변하는 것만큼 빠른 것이 없기에 얼마 안 있어 따뜻한 물을 요긴하게 쓰게 되었다.

작은 고민거리가 있다면, 하부장 없이 벽돌로 쌓고 상판을 올린 싱크대인지라 대책 없이 속 알맹이를 다 보여주는 게 아무리 노출 인테리어라지만 부끄러웠다. 문을 달 수도 없고 어쩌지 싶다가 의외로 다**에서 해결책 발견! (역시 서민의 만물상)

그것은 바로 5천 원짜리 문발.

롤처럼 말려 있어서 싱크대 높이에 맞춰 적당히 풀어낸 다음에 싱크대 상판 밑에 바로 피스로 고정시켰다. 임시 방편이었지만 손쉽고 간편하고 무엇보다 그럴 듯해 보여 만족스러웠다.

자 이렇게 완성한 전기 온수기 설치!
따뜻한 물도 팡팡, 수도 연결 고민까지 한방에 해결할 수 있어 신났던 하루였다.

정산

PART 3 전체 채우기
#18. 가전 – 전기 온수기 설치

- 상향식 전기 온수기 15L 125,000원
- 설치비 80,000원 (감압밸브 20,000원은 서비스!)
- 다** 가림막(발) 5,000원

= 계 210,000원

누적 2,690,940원

#19. 가전 - 에어컨과 냉장고

이번엔 괜찮고 싼 냉장고와 에어컨을 찾아 하이에나같이 떠돌던 구매 기록을 해보고자 한다.

* 에어컨

처음 이 장소를 봤던 게 7월 말, 42프로젝트를 시작한게 8월 초.
어느 정도 인테리어가 마무리된 후 에어컨을 설치해야 했기에 한여름 더위 속에서 땀을 뻘뻘 흘리며 선풍기 하나로 버텨냈다. 8월 말이 되어서야 드디어 벽 정리가 다 되고 에어컨을 구입했다.
어김없이 예산 절감!을 외치며 가장 저렴한 상품을 폭풍 검색한 결과, 30만 원이 채 안 되는 6평형 벽걸이 에어컨을 결제했는데 에어컨을 설치하러 온 기사님이 도착하자마자 고개를 갸우뚱하더니 여기는 실제 6평이어도 6평형 에어컨을 달면 안 된다고 하셨다. 실제 공간이 6평보다 넓고 천장도 일반 가정집보다 높은 데다가 외부인 많이 들락날락하는 공간이기에 최소 10평형을 들여야 한다고…
안타깝지만 반품처리를 하고 기사님이 가지고 온 에어컨을 들고 돌아가셨다. 당시에는 기사님이 원망(?)스럽기도 했지만 지금 생각해보면 직업 정신이 투철하고 정직하신 분 같다. 날도 더운데 대충 설치하고 설치비 받고 가면 그만일 수도 있는 일인데, 자세히 설명하고 자진해서 헛걸음치신 거나 마찬가지였으니 새삼 감사한 마음이 든다.

에어컨을 확 사지 말까 싶다가 마지막 기승을 부리는 늦여름 더위가 무서워 다시 최저가 검색에 도전, 이번엔 10평형으로 50만 원 남짓한 에어컨을 구입했다. 5개월 할부로…

무슨 가방(bag)을 산 것도 아니고 5개월 할부라니, 혼자 헛웃음이 터져 나왔다. 처음으로 정신없이 42프로젝트를 진행하다가 지금 내가 뭐 하고 있나 하고 돌이켜 보는 시간이기도 했다. 내 또래 여자아이들이 가방 하나 살 돈을 쥐고 이 더운 여름에 공간을 만들고 있으니 어떻게 보면 재미있지만 다르게 보면 미련한 것 같기도 하고… 하지만 이 순간이 즐겁고 재미있으니 된 것 같다.

아무튼 에어컨 최종 구매 완료!
에어컨 기사님이 오셔서 열심히 달아주셨다.
실외기와 연결하기 위해 벽에도 구멍을 뻥 뚫었다.

처음에는 집주인 분이 벽에 구멍 뚫는 것을 너무 싫어하셔서 에어컨 설치를 못 할 뻔했다. 최대한 벽에 손대지 말라는 집주인 분의 의견에 따라 유리창에 구멍을 내보려고 했지만 기사님이 유리창도 상태가

좋지 않아 100% 깨지기 때문에 에어컨 설치를 못하겠다고 선포하셨다. 주인 분께 상황 설명을 하고 몇 번 부탁을 드리고서야 간신이 허락을 받고 구멍을 뚫을 수 있었다.

워낙 오래된 집이다 보니 전체적으로 수평, 수직 이런 것과 거리가 멀었다. 에어컨은 반드시 반듯한 벽에 수평을 잘 맞춰 설치해야 한다는데, 기사님이 수평 맞추시느라 고생이 많으셨다. 최근 들어 이렇게 삐뚤빼뚤한 벽은 처음 봤다며 고개를 절레절레 흔드시는 기사님께 말없이 시원한 콜라를 한잔 건네드리는 것 말고 할 수 있는 게 없었다. (이 자리를 빌려 제 탓은 아니지만 참 죄송했습니다 기사님!)

실외기는 밖으로 뺐는데 덕분에 늘 실외기 분실 공포를 체험하고 있다. 에어컨이라는 게 내부에 설치하는 부분보다도 실외기가 더 가치 있는 부위(?)라고 하여 겨울에 도둑들이 곧잘 떼어간다는 무서운 후기를 보고 겁에 질려버렸다.

도난 방지를 위한 방법으로 앵글을 짜 맞추는 방법이 있다고 해서 알아보니 비용이 10만 원. 앵글 가격도 공포스러워 그냥 분실 공포를 느끼며 사는 것으로 결정했지만 아직까지 잃어버리지 않고 잘 쓰고 있으니 다행이다.

에어컨 설치 완료!
회색 벽에 흰색 에어컨이 정말 잘 어울린다. 이 에어컨의 에너지 효율 등급은 5등급. 1등급 에어컨은 벽걸이임에도 불구하고 거의 100만 원에 가까운 가격이라 감히 꿈도 꾸지 못했다.
에어컨을 최소 5년 쓴다고 계산해도 1등급과 5등급 에어컨의 실제 전기세 차이나 에어컨 자체 가격 차액과 큰 차이가 없을 것 같다. 그냥 아껴 쓰는게 최선의 방법인 것으로.

실제로 사용해 본 결과, 시원하기는 하지만 제일 온도를 낮게 해도 뼛속까지 시린 쨍한 느낌의 시원함은 경험하기 어려웠다. 아마 10평형도 이 공간의 마지노선이었던 것 같다. 하지만 실제로 사람들이 많이 오가는 공간은 아니다 보니 문을 닫고 선풍기와 같이 사용하면 무척 시원하고 쾌적했다.

* 냉장고

지금 생각해보면 진짜 다 부질없는 짓이었다. 냉장고는 정말 무한할 정도로 비슷하면서 다른 다양한 모델들이 존재했다. 한 푼이라도 더 아끼기 위해 엄청난 상품 검색과 후기를 찾아보고 엑셀로 모델별 가격과 최저가 사이트를 정리하며 아등바등 하던 나...
조금이라도 비싸게 사면 세상에 진 것만 같아 눈에 불을 켜고 최저가!!! 가성비!!!를 외치며 정리했다. 대신 그렇게 아낀 만큼 내 뇌를 학대하고 총명함을 소진한 기분이 들었다.

내 소비 경험의 결론은 웬만한 제품들은 다 좋다는 것이다. 그냥 사서 만족하며 쓰면 된다. 냉장고 두 개 한 번에 사서 옆에 두고 비교하면서 쓰지 않는 이상, 그냥 내 냉장고가 제일 좋은 냉장고이다. (진짜 다!)

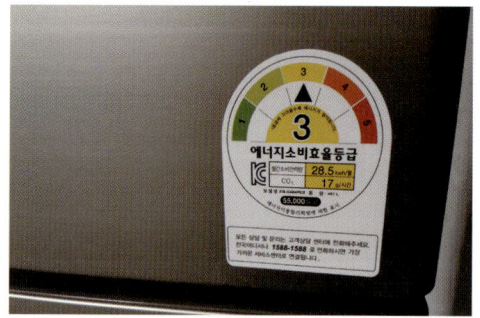

내 냉장고의 선정 기준은 최후에 이렇게 정리됐다

메탈 톤! 에너지 효율 등급은 5등급만 아닐 것! 그리고 저렴할 것!

처음에는 에너지 효율 1등급 병에 걸려있었는데, 구경하러 갔던 전자제품 매장 직원 분의 '지금 3등급이어도 3년 전 기준으로 따지면 1등급이다!' 라는 말에 1등급 병이 치료되는 기적을 경험했다.

아, 그래. 그까짓 거 그냥 밥 한 번 덜 사 먹으면 만사 해결이다 하고 최종 결정한 481L 용량의 투도어 냉장고가 42프로젝트로 배달되었다. 내부는 넉넉해 보였음에도 사용하다 보니 넓진 않다. 특히 냉동실이 더욱 그랬다.

42프로젝트를 시작하게 된 계기가 바로 빈틈없이 꽉 찬 엄마의 냉장고를 떠나 나만의 냉장고 갖기였다.

블랙홀 같은 엄마 냉동실 탈출하기가 목표였는데, 내 냉장고가 생기고 보니 엄마의 냉장고를 약간은 이해할 수 있었다. (아… 어머니….)

지금 당장은 못 먹겠는데 이대로 두면 버릴 것 같은 음식들이 가는 종착역, 냉동실! 차곡차곡 저절로 모으게 되는 냉동실 적금 통장설!!!

나도 모르게 가득 채워지는 냉장고를 바라보며 어머니의 삶을 이해하게 되다니, 참 많은 깨달음을 주는 42프로젝트. 여러모로 대단하다!

전체 비용 중에 가장 큰 부분을 차지하는 에어컨&냉장고 구매기!

나 비싼 가방 하나 산 것 같다. 들고 다닐 수 없는 가방. 그리고 보니 냉장고든 가방이든 여자 인간들은 저장공간에 대한 집착이 굉장히 큰 것 같다. 새로운 사실을 또 깨달았다!

정산

PART 3 전체 채우기

#19. 가전 - 에어컨과 냉장고

- 동*대* 냉장고 481L 533,890원

- 캐** 에어컨 10평형 469,000원

= 계 1,002,890원

누적 3,693,830원

#20. 가전 - 생활 가전

나만의 아지트는 나만의 커피를 한잔 할 수 있는 곳이길 바랐기에 작은 홈 카페를 꾸리기로 했다. 홈 카페의 베이스가 되는 그라인더와 에스프레소를 내리는 커피 머신을 각각 7만 원대와 16만 원대로 구입했다. 실제 카페에서 사용하는 커피 머신들이 상상을 초월하는 가격대이기 때문인지 홈 카페 머신들을 구입할 때 마치 어릴 적 소꿉장난 세트를 사는 듯한 기분이 들었다.

1. 그라인더와 에스프레소 머신

그라인더는 커피 원두를 갈아주는데 분쇄 정도를 선택할 수 있어 가장 작게 분쇄하면 에스프레소, 중간 레벨로 분쇄하면 콜드브루, 드립 등 다양하게 활용할 수 있어 좋았다. 인터넷 최저가는 더 저렴했지만 사용하다 문제가 생길 경우를 대비하여, 가격이 조금 더 높았지만 안전하게 코스** 오프라인에서 구입했다. 에스프레소 머신도 마찬가지로 같은 곳에서 구입했는데 인기 아이템이다 보니 간혹 할인 행사가 있어 오히려 더 저렴하게 마련했다.

정말 소꿉장난 같은 이 커피 머신으로 말할 것 같으면 잘 분쇄된 원두를 넣고 물을 채우면 1샷 혹은 2샷의 에스프레소가 추출되는데 미니미니 한 사이즈다 보니 에스프레소 양도 미니미니 해서 2샷으로 2번 내려 먹어야 참맛을 느낄 수 있는 귀여운 커피 머신 되겠다. 분쇄 원두를 담아 평평하게 고르는 역할을 하는 탬퍼도 포함되어 있지만 아무래도 플라스틱으로 되어있어 나중에 따로 마련했다.

2. 밀크 워머

에스프레소를 내려 아메리카노 먹기를 여러 번, 사람의 욕심은 끝이 없어 이제는 라떼와 카푸치노까지 만들어 먹고 싶다는 생각이 들었다. 커피 머신 옆에 노즐이 있어 우유를 덥히거나 거품을 낼 수 있었지만 원체 기계가 작다 보니 뭔가 아쉬운 느낌이 들었고, 그렇다고 우유를 냄비에 담아 전기 인덕션에 끓여 만들자니 개화기 커피 장인 느낌이 나서 부끄러웠다. '우유 데우기'로 열심히 인터넷의 바다를 헤

엄치다 보니 진짜 우유를 데워주는 것뿐만 아니라 거품까지 내주는 가전이 있었다. 이름하여 '밀크 워머', 한 컵 분량의 우유를 넣고 버튼을 눌러주면 우유를 적정 온도로 데워 주거나 거품을 한 가득 만들어준다. 더 좋은 것은 데우지 않고 거품만 만드는 것도 가능하여 아이스 카푸치노까지 만들어 먹을 수 있었다는 사실!

조금 더 편하게 살고자 하는 현대인들의 욕구와 그 욕구를 충족시켜 주는 기업들의 기술력에 다시 한번 깜짝 놀랐다. 어쨌든 이제 즐겁게 나의 아지트에서 커피 마실 일만 남았다.

3. 전기 인덕션과 전기 미니 오븐

즐거운 소꿉장난을 위해 구입한 추가 아이템은 전기 인덕션과 전기 미니 오븐.
홈 카페에서 커피를 만들고 마시다 보니 이제 뭔가 음식을 만들고 싶다는 생각이 들었다. 하긴 이렇게 훌륭한 주방을 두고 음료만 만든다

면 억울하지! 그렇다면 조리용 가전을 구입해보자.

도시가스가 들어오지 않는다는 치명적인 단점을 가지고 있는 42프로
젝트. 간단한 음식 조리를 위해 제일 먼저 전기 인덕션부터 준비한다.
고급 브랜드의 가정용 전기 인덕션은 몇 십만 원부터 백만 원까지 다
양했지만 나의 아지트에는 가장 저렴한 3만 원 대 전기 인덕션을 세
팅, 날마다 라면 끓이기부터 시작해서 삼겹살 굽기, 볶음밥 볶기, 닭
볶음탕 만들기까지 한계 없는 초보 요리에 힘을 보태고 있다.

날마다 요리 혼을 불태우며 아지트에서의 소꿉장난에 심취해 있을
때, '이제 드디어 너의 차례가 온 것 같다'는 마음으로 들여온 전기
미니 오븐! 나 어렸을 때만 해도 오븐은 부(富)의 상징이었다. 물론
지금은 예전만큼은 아니지만 아직까지 오븐이 가스레인지나 전자레
인지만큼 생활 가전의 필수품은 아니기에 집집마다 흔히 볼 수 있지
는 않다. 꼭 있어야 하는 가전은 아니지만 있다면 좀 더 풍요로운 요
리가 가능해지는 마법의 아이템. 예전엔 가스 오븐이라 설치하기도

어렵고 가격도 비쌌지만 보급형 전기 오븐이 흔해지며 7만 원에 어릴 적 꿈인 빵 굽기가 가능해졌다. 빵 뿐 아니라 치즈가 듬뿍 올라간 그라탱, 피자, 콘치즈 등 다양한 종류의 요리가 가능했고 그럴수록 내 아지트는 나와 내 친구들의 입이 즐거운 장소가 되고 있었다.

4. 캠핑용 난로

도시가스가 들어오지 않아 여전히 슬픈 42프로젝트의 또 다른 관문은 겨울나기이다.

과연 이 난방의 불모지에서 어떻게 하면 저렴하고 따뜻하게 겨울을 보낼 수 있을까 고민하다 찾은 해결책은 바로 캠핑용 난로!

저렴한 제품들도 있었지만 아무래도 연료(등유)가 들어가고 불을 내는 제품이다 보니 유사한 제품 중 가장 브랜드파워가 있는 제품으로 10만 원대에 구입했다. 캠핑족들에게 '불멍'으로 꽤 유명한 아이라고 하던데 실제 사용해보니 운치 있는 불꽃을 멍하게 바라보고 있자니 1~2시간은 그냥 흘러버리는 묘한 기능의 난로였다. 퇴근하고 아지트에 들러 논다고 치면 실내 등유가 1~2L정도 필요하니 저렴한 가격에 따뜻하고 분위기까지 좋아 만족스럽기 그지없다.

캠핑 난로 위에서 보글보글 끓는 한겨울의 어묵탕은 아지트의 추가 옵션이다!

정산

PART 3 전체 채우기
#20. 가전 - 생활 가전

· 커피 그라인더 74,900원

· 커피 머신 159,000원

· 콤팩트 블랜더 59,900원

· 전기 오븐 & 저울 70,570원 (*저울, 배송비 포함)

· 전기 인덕션 35,810원

· 전기 포트 15,400원

· 요거트 메이커 11,500원

· 와이어 선반(2개) 45,800원

· 캠핑용 난로(등유) 108,000원

*지인에게 선물로 받은 제품들의 가격 정보는 제외합니다.

= 계 580,880원

누적 4,274,710원

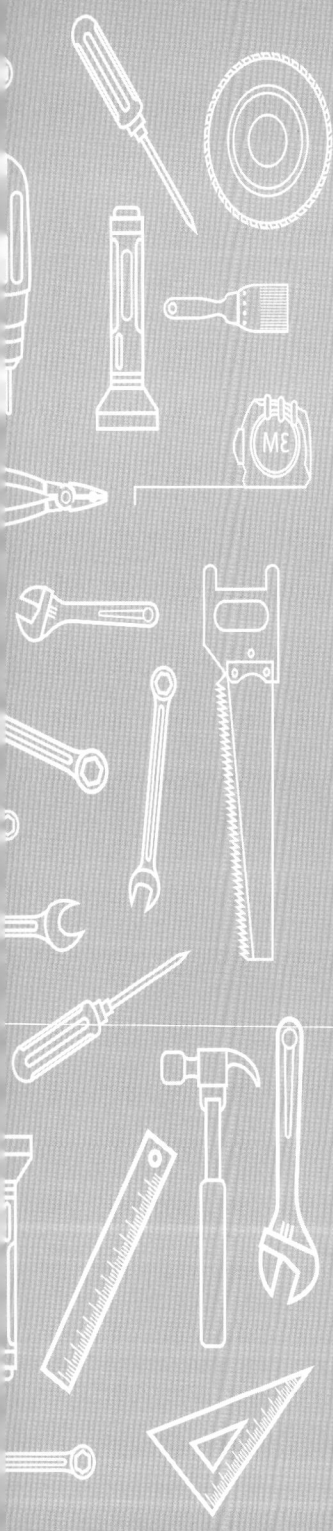

PART

04

#21. 여자라면 무광 블랙 – 유성페인트칠

오래된 샤시(표준어는 섀시(chassis)이지만 이것만큼은 입에 익숙한 '샤시'로 표현해보고자 한다)는 어떻게 마감을 해볼까 고민하던 중 자연스럽게 세련과 단정의 대명사(내 기준)인 검정색으로 칠을 해보기로 했다. 아니, 그런데!!! 페인트가 다 번쩍이는 유광인 것은 아니고, 무광 페인트도 있다는 것을 알게 됐다. 이것은 마치 날 위해 신이 준비해준 재료!! 냉큼 페인트 가게를 향에 달려갔다.

이미 흰 수성페인트 구입을 위해 방문했던 흑석동 페인트 가게. 그 이후로도 자잘한 재료가 필요할 때마다 방문했고 그때마다 사장님은 상세한 설명을 빼놓지 않고 전해 주셨다. 설명도 설명이지만 그보다도 이 가게가 좋은 이유는 바로!

시너를 소주병에 담아 저렴한 가격에 준비해주시는 사장님의 따뜻한 마음 덕분이 아닐까 싶다.

사장님의 무광 블랙, 유성페인트 칠하는 노하우는 다음과 같다.

① 재료는 유성페인트와 페인트에 섞어 쓰는 시너, 사포, 붓, 그리고
이것들을 잘 섞어서 쓸 수 있는 빈 통, 총 다섯 가지를 준비한다.
② 페인트를 칠할 금속 재질 부분에 먼지와 같은 오염물질이 없도록
깨끗이 닦고 사포로 문질러 표면을 다듬는다. 이것은 매끈한 금속 표
면을 살짝 거칠게 만들어 유성페인트가 표면에 잘 달라붙게 하는 역할
을 한다. 사포질을 잘 하지 않을 경우 유성페인트가 벗겨질 수도 있다.
③ 유성페인트는 시너로 농도 조절을 해서 바르는데 대략 페인트 5,
시너 1의 비율 정도면 칠하기에 점성이 적당했다. 상황에 따라 조금
더 진하면서 두껍게 바르고 싶으면 시너의 양을 적게, 얇고 가볍게 바
르고 싶다면 시너의 양을 늘리며 점성을 조절하면 된다.

칠할 재료가 준비됐으니 이제 칠할 부분, 샤시를 확인해본다. 이것은 마치 스케치북과 같은 상황.

여기에 열심히 칠해 아주 시커멓고 어둡지만 세련된 공간으로 재탄생 시키겠다고 이를 악물었다. 이를 악 물은 진짜 이유는 페인트칠보다 더 힘들었던 마스킹 테이프 밑 작업 때문이었다. 칠할 부분 바깥쪽에 페인트가 묻지 않도록 종이 테이프로 잘 붙여 주는 과정이었는데 붙이기도 떼기도 쉽지 않았다. 결론부터 말하자면 마스킹 테이프는 칠하는 작업 이후 바로 떼어주는 게 제일 중요하다. 1차 칠 작업 후 완성도를 높이기 위해 한 번 더 덧칠할 요량으로 마스킹 테이프를 떼지 않은 채 며칠을 내버려 두다가 떼려고 하자 뜨거운 여름 햇살(작업 당시 8월)로 테이프의 접착면 부분이 녹아 창문에 껌처럼 들러붙게 되는 대(大)참사를 경험하게 되었다. 그 후 세제로도 닦아보고 칼로도 긁어보고 깨끗하게 닦아내기 위해 많은 시도를 했지만 불행히도 모두 실패한 후 지금 이 마스킹 테이프의 얼룩이 앤티크한 무늬라고 애써 자기 최면을 걸고 있다. 웃기면서 슬픈 현실!

그 외의 유성페인트칠 작업은 매우 간단하고 쉽다. 잘 섞어서 쓱쓱 바르기만 하면 되고, 칠 한 번으로 크게 변하는 모습이 보여 재미까지 있었다. 십 몇 년은 족히 지났을 것 같은 낡은 알루미늄 샤시가 무광 블랙으로 재탄생 하는 순간이다. 확실히 검은색 성애자인 내 눈에는 깔끔하고 만족스러웠다.

생각보다 간편했던 유성페인트 작업을 신나게 하던 중 벽 가운데 외롭게 튀어나와 있던 수도꼭지가 퍼뜩 떠올랐다. 벽에 생뚱맞게 남아 있는 이 수도꼭지는 예전에 실제로 사용했지만 지금은 수도가 끊긴 채 페이크로 모양만 남아있는 상황. 장난기가 발동해 빈 수도꼭지를 벽에서 떼지 않고 무광 페인트를 발라 장식과 같은 효과를 주었다. 가끔 사람들이 물이 나오냐고 물어보면 '나오니까 쓰세요'라고 대답해주곤 물이 흘러나올까 조심스럽게 수도꼭지를 돌리는 모습에 크게 웃으며 즐거워했다.

외부 샤시 작업을 마무리한 후 내부 작은 창문의 샤시까지 추가로 칠하기로 했다.
워낙 오래된 창문이 지저분해 보여 아예 새로운 창문을 설치하고 싶었지만, 견적을 알아보니 창틀＋창문을 새로 설치하는 데 최소 20만 원이라는 말을 듣고 침을 꿀꺽 삼킨 뒤, 창문은 깨끗하게 닦고 샤시는 페인트칠을 해서 쓰자고 결심했다.
절약은 곧 기존 재료의 재활용이기에 창문을 창틀에서 떼고 테두리를 다 분리, 잘 닦아낸 뒤 유성페인트를 꼼꼼하게 발라 다시 조립해서 창틀에 끼워 넣었다.

이렇게 유성페인트를 칠한 무광 블랙 창문까지 탄생했다. 애쓴 거에 비해 지저분하고 깔끔치 못한 데다가 오래된 유리도 잘 닦아지지 않아 아쉬움이 컸다. 한편으로 창틀과 창문은 돈을 좀 쓰더라도 새로 달까 하는 생각이 들었지만, 남의 집 세 들어 사는 처지에 쉽지 않은 일임을 알기에 이 정도로 만족하기로 했다.

장인 정신으로 한땀 한땀 유성페인트 칠하기. 시너를 섞은 유성페인트는 부드럽게 바르기가 쉬워 재미있고 즐겁게 작업했다.

던전 입구였던 초반 시절의 42프로젝트 전면 모습. 그리고 유성페인트칠로 무광 블랙으로 세련미 넘치게 된 42프로젝트 달라진 전면 모습이다.

그 동안의 셀프 인테리어 작업들 중 작업 면적이 가장 좁았던 부분이지만 전체적인 분위기 전환에는 가장 큰 역할을 한 유성페인트칠이었다. 기대했던 것 그대로 결과물이 나와 만족스러웠다. 이제 작품이 다 완성된 것 같은 느낌이 든다.

정산

PART 4 감성 더하기
#21. 여자라면 무광 블랙 - 유성페인트칠

1차

- 삼화 페인트 유성(무광) 흑색 1L 11,000원

- 시너 소주병에 덜어서 2,000원

- 붓 2,000원

- 통 3,000원

- 사포 1,000원

2차

- 노루표 페인트 유성(무광) 흑색 1L 9,000원

- 노루표 시너 3,000원

- 추가 붓 3개 3,000원

= 계 34,000원

누적 4,308,710원

#22. 자덕의 향기 - 자전거 거치대와 바 테이프

42프로젝트가 나만의 공간에 나만의 냉장고를 두는 상상에서 시작됐다면 자전거라는 취미가 상상이 현실이 될 수 있도록 이끌어 주었다. 42프로젝트가 완성되는 시점에 덕밍아웃(어떤 분야에 깊이 빠져있는 사람임을 밝히는 일이라고 한다지)하자면 나는 자전거를 매우 사랑하는 사람이다.

어려서부터 자전거를 간간히 타오던 2014년, 한강 근처의 회사에 다니기 시작하면서부터 자출(자전거로 출퇴근하기)을 하게 되었고, 점점 자전거라는 취미에 빠져들고 말았다. 끈기가 부족했던 탓에 운동을 꾸준히 하지 못했던 내게 자전거는 운동이 아닌 놀이와 같은 즐거움을 주었다.

9km 출퇴근길의 수단이었던 자전거였는데 어느새 주말마다 '어디로 자전거를 타러 갈까'가 가장 큰 고민이 되어버렸다. 시원하게 달리고 나면 사회생활, 사람과의 관계, 일에서 오는 모든 피곤함이 날아가는 것 같았다. 내가 더 밝아지고 행복해지고 건강해지고 있다는 게 온몸으로 느껴졌다.

42프로젝트를 시작할까 말까 고민하던 중 본격적으로 시작하게 된
계기는 이 공간의 위치가 한강대교에서 1분이면 도착하는 곳이라는
점이었다.
언제든지 자전거를 타러 나갈 수 있는 곳, 친구들과 자전거로 한강 한
바퀴를 돌고 아지트에 가서 커피 한 잔 하자! 라고 할 수 있는 곳, 그
곳이 바로 42프로젝트가 되길 꿈꾸며 시작했다.

집에서 15분 거리의 42프로젝트
애매한 거리를 빠르게 왔다 갔다 하게 해준 나의 자전거 Tarmac.
내 인생 최대의 과소비였던 나의 타마기 군. 그런 소중한 아이를 벽에
기대어 놓기 미안해 자전거 거치대를 설치해주자는 마음으로 열심히

정보의 바다를 헤엄쳤지만 구림과 비쌈이 동시에 활개 치는 자전거 거치대 현황이 내 마음을 아프게 했다.

아 어쩌지… 고민하던 차에 자덕(자전거 덕후) 동지들에게 하소연이나 할 겸 어쩌면 좋으냐고 물었는데, 파이프 관련 일을 하고 있던 지인이 현장에 남는 파이프를 뚝딱뚝딱 연결하곤 툭 하나 던져주었다.

이거면 되겠니?

진짜 거짓말처럼 내 눈앞에 나타난 파이프로 만들어진 자전거 거치대. 이게 꿈인지 생시인지 모를 정도로 기뻤다.

바닥에 단 차이가 있어 높이를 맞추기 위해 큰 벽돌을 두 개 사와 시멘트 몰탈로 덧발라 고정하니 순식간에 자전거 거치대가 완성되었다. 이 신박한 거치대는 자전거 거치 이외의 추가 기능이 있었으니 그것은 바로 주차 방지 기능.

개인적인 공간이다 보니 거의 문을 닫아두고 있어 동네 주민 분들이 주차를 많이 하셨다. 주차를 하는 것은 괜찮았지만 입구를 막아 난처한 적이 많았던 터라 자전거 거치대 고정으로 얼떨결에 주차 방지 기능을 얻어 슬쩍 회심의 미소를 지었다.

기쁨도 잠시 지나가는 차들이 거치대 고정용 벽돌을 너무 많이 밟고 다녀 이대로 두면 안 될 것 같아 고정 방법을 살짝 바꾸게 되었다.

벽돌을 세우고 거치대를 아예 벽돌 구멍에 꽂은 다음 시멘트 몰탈을 부어 계단 위에 단단히 고정했다. 이후로 주차방지 기능은 잃었지만 자전거를 안전하게 거치하기에는 충분히 편리했고 무엇보다도 투박한 듯 단단한 모양이 마음에 무척 들었다.

자전거를 위한 또 다른 흔적을 남기고 싶어 벽면에 자전거 거치대를 설치하다 석고보드가 힘을 받지 못해 실패한 후, 호시탐탐 다른 방법을 고민하다 문손잡이에 바 테이프를 두르기로 했다.
자전거 손잡이 부분을 드롭바라고 하고 그 부분을 감싸는 테이프가 바로 바 테이프인데 아무래도 그립감이 좋다 보니 지저분한 문 손잡이에 페인트칠을 하는 것보다 깔끔하고 편리할 것 같았다.

검은색 바 테이프를 꼼꼼히 말아준다. 대다수의 사람들은 눈치채지 못하지만 자전거를 아는 사람들은 손잡이를 잡으면서 바로 신이 나서 외친다.

문 손잡이에 바 테이프 감으셨네요?
와 이거 그립감도 좋고, 재밌네요!!!
네! 저도 너무 재밌어요!!!

이렇게 완성된 나의 42프로젝트.

장난처럼 시작했던 나의 아지트, 나의 공간 만들기가 2달의 시간을
달려 완성되었다.

꿈이 진짜 현실이 되었다.

정산

PART 4 감성 더하기
#22. 자덕의 향기 - 자전거 거치대와 바 테이프

- 블랙 베이직 바 테이프 2개(총4롤) + 배송비 10,000원
- 고정용 벽돌 2개 2,000원
- 고정용 시멘트 몰탈 10kg 2봉 + 배송비 7,700원

= 계 19,700원

누적 4,328,410원

에필로그

온라인
집들이

한낮의 42프로젝트

42프로젝트에 오신 여러분을 환영합니다!
명확한 42프로젝트의 정의는 먹고 싶은 음식을 해 먹는 요리 작업실
이자 자전거를 타다 들려 커피 한잔하는 쉼터, 내가 사랑하는 사람들
끼리 삼삼오오 모여 웃고 떠드는 아지트입니다.

9호선 노들역,
한강과 가까운 듯 주택가에 쏙 숨어있어 누군가 보기에는 문을 잘 열
지 않는 작은 카페처럼 보일 수도 있습니다. 대부분 시간에 문이 닫혀
있지만 혹시라도 지나가다 문이 열려 있으면 살짝 들어오셔도 좋습
니다. 커피 한 잔쯤은 내어드릴 수 있으니까요. 아! 자전거를 타고 오
신다면 더욱 환영하겠습니다

한밤의 42프로젝트

힘든 만큼 재미있었고, 모든 과정을 간략하게라도 기록하여 그 순간의
느낌을 오래도록 기억하고 공유하고 싶었습니다. 누군가에게는 이미
알고 있는 정보일 수도 있지만, 누군가에게는 도전할 수 있는 힘이 되는
내용이길, 그래서 함께 웃고 함께 즐거울 수 있기를 바랐습니다.

워낙 이것저것 새로운 것에 도전하기를 좋아하는 성격과 기억에 남을
만한 30대 초반의 추억을 위해 뜬금없이 시작했던 아지트 만들기가 무
사히 마무리되었다는 것 자체로 즐겁고 감사했습니다. 많은 도움과 함
께 애써주셨던 모든 분들에게 다시 한번 감사한 마음을 전합니다. ♡

진 짜 셀 프 인 테 리 어
42 Project

1판 1쇄 **인쇄** 2018년 5월 10일
1판 1쇄 **발행** 2018년 5월 20일

지 은 이 강산희
발 행 인 이미옥
발 행 처 아이생각
정   가 16,000원
등 록 일 2003년 3월 10일
등록번호 220-90-18139
주   소 (03979) 서울 마포구 성미산로 23길 72 (연남동)
전화번호 (02)447-3157~8
팩스번호 (02)447-3159

ISBN 978-89-97466-46-7 (13590)
I-18-03

www.ithinkbook.co.kr